INVENTAIRE.
X 27,584
Exercices français

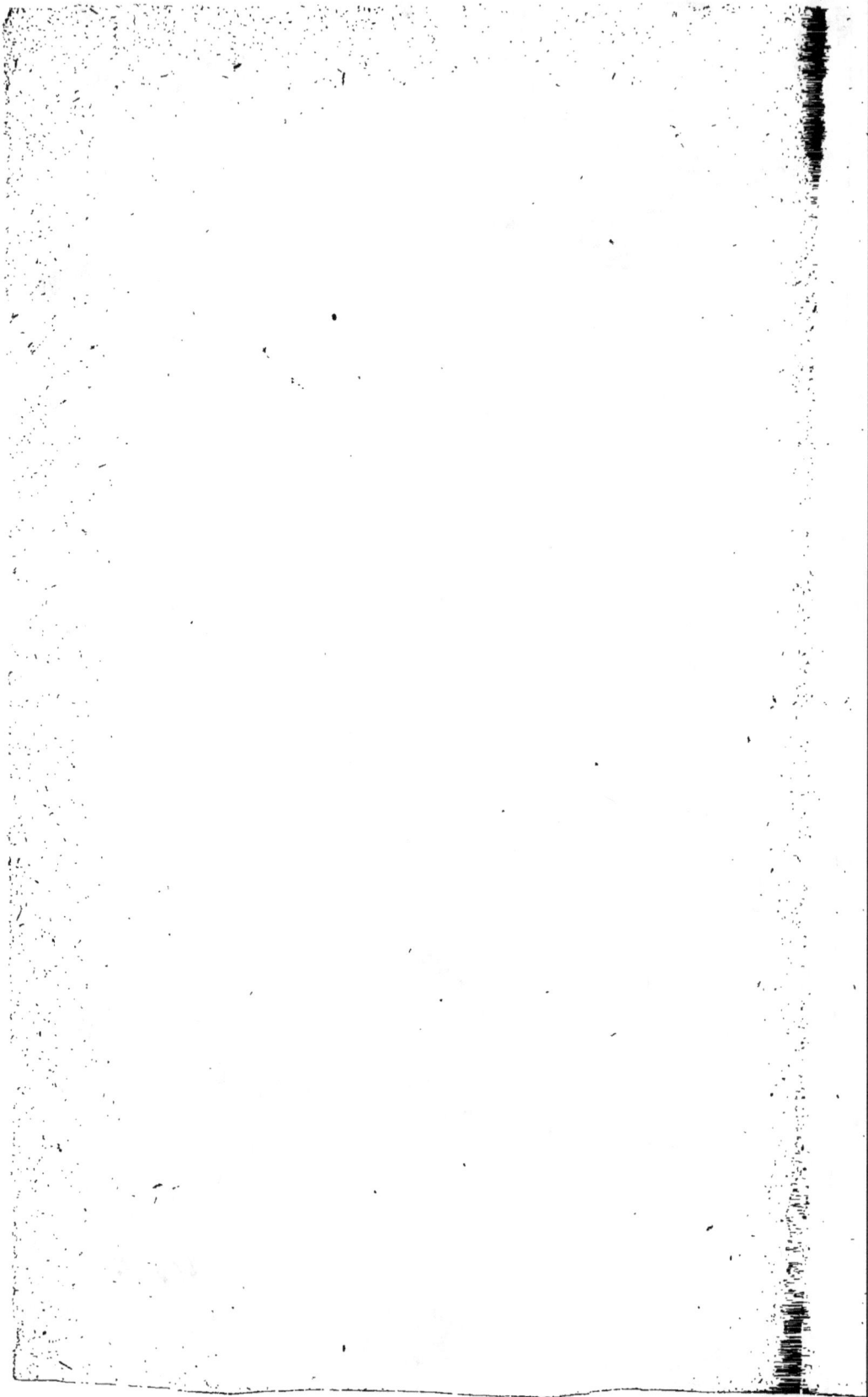

EXERCICES FRANÇAIS

COURS COMPLET

D'ENSEIGNEMENT GRAMMATICAL

pour les trois langues classiques

PAR LES MÊMES :

GRAMMAIRE FRANÇAISE complète, 11e édition, Prix. . . . 1 f. 35 c.
GRAMMAIRE FRANÇAISE de Lhomond, 14e édition, *complétée, mise dans un ordre meilleur, et augmentée d'un petit dictionnaire des verbes irréguliers, défectifs ou difficiles.* Prix, cart . . . . 60 c.

Nota — Cette petite Grammaire est en harmonie parfaite avec la Grammaire française complète.

GRAMMAIRE LATINE de Lhomond, 2e édit., *un peu complétée et mise dans un ordre meilleur*. Prix, cart. 1 f. 65 c.
GRAMMAIRE GRECQUE, 3e édition. Prix, cart . . . . , 3 f. » c.

Nota. — Ces trois Grammaires, rapprochées l'une de l'autre, forment un cours d'enseignement grammatical complet, tel qu'il ne s'en est peut-être pas encore présenté de semblable. Quel avantage, en effet, pour l'élève, de pouvoir étudier constamment, pour ainsi dire, à l'école du même maître, et de retrouver dans ses trois Grammaires, autant que le permet la différence des trois langues, la même marche, le même ordre, les mêmes divisions et souvent les mêmes exemples !

PROSODIE LATINE, 7e édition. Prix, cart . . . . 1 f. » c.
COURS COMPLET D'EXERCICES FRANÇAIS, 11e édition. Prix. 1 f. 35 c.
CORRIGÉ. Prix. . . . . 1 f. 50 c.
PETIT COURS D'EXERCICES FRANÇAIS, 11e édition. Prix, cart . 60 c.
CORRIGÉ. Prix. . . . . 75 c.
COURS DE THÈMES LATINS. Prix, cart. . . . . 1 f. 65 c.
CORRIGÉ. Prix . . . . 2 f. 50 c.

Ces différents ouvrages sont adoptés dans un très grand nombre de Maisons d'éducation, telles que :

1° Les Petits-Séminaires de *Langres, Pignelin, Semur, Meximieux, Strasbourg, Vernoux, Saint-Chéron, Sainte-Garde, Blois, Saint-Memmie, Nozeroy, Malines* (Belgique), *Hoogstraeten* (Belgique), *Basse-Wavre* (Belgique), *Verdun-sur-Meuse, Auxerre, L'Argentière, Chavagnes, Sables-d'Olonne, Saint-Martin-ès-Vignes, Châtel, Senaide, Bourges, Verrières, Laon, Saint-Omer, Pleaux, Servières, Montpellier, Montbrison, Nantes, Guérande, Belmont, Aubenas, Beaucaire, Metz, Matha, Notre-Dame-de-Liesse, Moissac, Luxeuil*, etc., etc.

2° Les Collèges, Institutions ou Maîtrises de *Saint-Etienne* (RR. PP. Jésuites). *Digne, Langres, Soissons, Annot, Forcalquier, Oloron, Poitiers, Saint-Nizier* à Lyon, *Notre-Dame-de-Sainte-Croix* au Mans, *Bourbonne-les-Bains, Aubenas, Albertville* (Haute-Savoie), *Angers, Narbonne, Pont-de-Beauvoisin, Autun, Colmar, Buis, Auxerre, Saint-Dizier, Toulouse, Ancenis, Châteaubriand, Chauvé, Nantes, Machecoul* et plusieurs du diocèse de *Malines* (Belgique), etc., etc.

3° Les Congrégations religieuses des sœurs du Saint-Sacrement à *Romans*, des sœurs de la Providence à *Séez*, des sœurs de Saint-Martin à *Bourgueil*, des sœurs de Saint-Régis à *Aubenas*, des sœurs de l'Education chrétienne à *Argentan*, des frères de l'Instruction chrétienne à *Saint-Laurent-sur-Sèvres*, des frères de Sion-Vaudemont à *Vézelise*, des sœurs de la Providence à *Langres*, des sœurs de Saint-François-d'Assise à *Lyon*, des sœurs de l'Union chrétienne à *Fontenay-le-Comte*, des sœurs de la Société de Sainte-Marie à *Angers*, des sœurs de la Miséricorde à *Billom*, des sœurs de la Présentation de Marie au *Bourg-Saint-Andéol*, des sœurs Ursulines du Sacré-Cœur à *Pons*, des frères-directeurs de l'Institution des sourds-muets et des jeunes aveugles à *Fives-lez-Lille*, des clercs de Saint-Viateur *aux Ternes*, des frères de la Croix-de-Jésus à *Moutiers-en-Tarentaise* (Savoie), etc., etc.

EXERCICES FRANÇAIS

ADAPTÉS

A LA GRAMMAIRE FRANÇAISE

DE

MM. Em. LECOMTE et MÉNETRIER

AUTEURS DE PLUSIEURS OUVRAGES ÉLÉMENTAIRES

Membres de la Société Asiatique de Paris.

1re ÉDITION

Prix de l'ouvrage, cartonné : 1 fr. 85 cent.

A PARIS

CHEZ J. LECOFFRE, LIBRAIRE, RUE DU VIEUX-COLOMBIER

ET CHEZ LES AUTEURS, A VITTEAUX (CÔTE-D'OR).

1869

AVIS IMPORTANT.

Aussitôt que les élèves auront vu les deux premiers chapitres de la Grammaire, il sera bon de les mettre à la première partie de ces Exercices. Deux mots sur cette première partie.

Le but de la première partie de la Grammaire est, comme nous l'avons dit, d'apprendre à *connaître les différentes espèces de mots, c'est-à-dire leur nom, leur emploi*, etc. Le but, par conséquent, de la première partie des Exercices doit être d'offrir aux enfants des exemples gradués où ils puissent s'appliquer à distinguer et à signaler ces différentes espèces de mots, à mesure qu'ils apprennent à les connaître dans leur Grammaire. C'est aussi dans ce sens que nous avons rédigé cette première partie. Ainsi, après avoir dit à l'élève que l'article est *le, la, les*, etc.; que le substantif se reconnaît quand on peut mettre devant lui ces mêmes mots *le, la, les;* l'*adjectif* quand on peut y joindre le mot *personne* ou *chose*, etc., etc., nous lui faisons appliquer ces principes dans les Exercices qu'il a sous les yeux, en l'obligeant à signaler soit les articles, soit les substantifs, etc., qu'il rencontre. En même temps, comme un enfant intelligent a bien vite appris à connaître ainsi les différentes espèces de mots et à les bien distinguer, nous nous sommes surtout appesantis sur les choses sinon plus importantes, au moins plus difficiles, telles que *la formation du pluriel* dans les substantifs, *la formation du féminin et du pluriel* dans les adjectifs, etc., etc.

De cette sorte, cette première partie sera très utile aux enfants qui commencent.

La *seconde partie*, comme dans tous les cours d'Exercices, est spécialement consacrée aux règles de la syntaxe, et fait, à proprement parler, le corps de l'ouvrage.

EXERCICES FRANÇAIS.

Ces Exercices se divisent, comme la Grammaire elle-même, en deux parties.

PREMIÈRE PARTIE

CHAPITRE Ier.

DE L'ARTICLE.

EXERCICE 1er.

L'élève fera connaître, soit de vive voix, soit par écrit sur son cahier (1), *les articles.* — (Voy. GRAMM. n° 17.)

Le père. La mère. Les enfants. Le frère. La sœur. Le nid. Les roses. La fleur. Le soleil. La prairie. Les peuples. La fauvette. Le singe. Le lion. L'ours. L'oiseau. La cabane du pauvre. Le livre de l'enfant. Les douze fils de Jacob. L'alouette matinale. Les dix commandements de Dieu. Le berger du hameau. Le loup des forêts. Les cieux racontent la gloire du Très-Haut. Les plus belles fleurs sont : la rose, la tulipe et l'œillet. Avez-vous quelquefois parlé au roi ? Non, jamais ; mais j'ai parlé plusieurs fois aux ministres.

(1) Dans ce dernier cas, l'élève copiera l'Exercice, et *soulignera* les articles.

EXERCICE 2e.

Le bras. La jambe. Les yeux. Les montagnes de la Suisse. La joie d'un cœur pur. L'innocence du jeune homme. Jésus dit aux apôtres. . . . . Moïse répondit au roi. . . . . Saint Paul écrivit une lettre aux Romains, et deux aux Corinthiens. La vivacité des Français. La foudre du ciel. L'ardeur du soleil. Le temps des fruits. Les arbres du verger. Les plumes du corbeau. Les cris du hibou. La beauté du paradis terrestre. Faites l'aumône au pauvre, et consolez la veuve et l'orphelin.

EXERCICE 3e.

L'élève fera connaître les articles, et indiquera s'ils sont simples ou composés (1).

La forêt. Le moineau. Les animaux sauvages. Le chant du vigneron. Le silence des bois. Le cours des fleuves. Les ennemis de la patrie. Les dentelles d'Angleterre. Les Spartiates s'opposèrent au passage des troupes de Xercès. Le Seigneur ordonna aux Hébreux de sortir de l'Egypte. Je viens d'écrire au cousin de votre mère. Considérez la fourmi : elle invite les paresseux au travail. Les chaleurs de l'été. La fraîcheur de la nuit. Les eaux du déluge. Les charmes du printemps. La douceur de l'agneau. La finesse du renard. Dieu donna des ailes aux oiseaux et des nageoires aux poissons. Enfants, louez le Seigneur; obéissez aux ordres de vos parents. J'admire la fertilité de la Bourgogne. Gloire au Très-Haut.

---

(1) L'élève les écrira sur son cahier de cette façon :

LA, article simple.
LE, article simple.
LES, article simple.
DU, article composé, pour *de le*.
DES, article composé, pour *de les*, etc.

EXERCICE 4e.

L'élève mettra lui-même les articles devant les substantifs.

—ciel.—arbre.—poire.— abricot.—soldat.—reine. — maison.—général.— homme.— table.— jardin. — fruit.— montagne.— rivière.— fleuve.—sucre.— brebis. — plume. — canif. — papier. — arche de Noé. — deux frères. — trois chevaux. — bonté du prince. — devoir de l'élève. — patience du maître. — lion des forêts.— ours des montagnes.— faveur du roi.— honneur du ministre. — œillet du jardin.

EXERCICE 5e.

— voix de Jacob. — porcelaine de Chine. — classe du village. — écolier vertueux. — mort d'Abel. — deux fils d'Isaac étaient Esaü et Jacob. — dix portes de la ville. — Européens sont blancs. — sept sacrements. — grandeur de la France. — flotte anglaise. — armée formidable de Xercès. — Tous — frères de Joseph pleurèrent en le revoyant. L'ami de le prince. Obéissez à les maîtres.

CHAPITRE II.

DU NOM.

EXERCICE 6e.

L'élève fera connaître les noms, soit de vive voix, soit par écrit (1). — (GRAMM., n° 18.)

Le roi et la reine. Le lion et le tigre. Le loup et l'agneau. Les fleurs du jardin. Le Seigneur des armées. Les leçons du maître. Les branches des arbres. Les

---

(1) Dans ce dernier cas, l'élève copiera l'Exercice et *soulignera* les Noms.

glaçons de l'hiver. Les discours du jeune homme. La loi de Moïse. L'orgueil de Nabuchodonosor fut puni. Les habitants de Sparte étaient tous guerriers. Le chant des oiseaux. Les travaux du laboureur. Les frères de Joseph. L'amour de la patrie. Le Paradis terrestre était un grand jardin planté de beaux arbres ; Adam et Ève y vivaient heureux avant leur péché.

EXERCICE 7e.

L'élève fera connaître les noms, en indiquant s'ils sont communs ou propres (1). — (GRAMM., n° 19.)

Le pâtre du hameau. La ville de Rome. La fête du village. La cognée du bûcheron. Le cerf des bois. Les chants du matelot. La ville de Ninive était si grande qu'il fallait trois jours pour la parcourir. Cet élève a le cœur pur, il aime le travail et il obéit à ses maîtres; aussi la joie brille sur son front et la paix est dans son cœur. La France et l'Angleterre. La Russie et la Prusse. Londres est plus peuplé que Paris. Le chapeau de l'empereur Napoléon. Un panier de pêches. Les Grecs et les Romains. Racine et Corneille.

EXERCICE 8e.

L'élève écrira avec des lettres majuscules les noms propres.

L'espagne et l'italie. La seine et la loire. César et pompée se firent la guerre. S. pierre et S. paul ont été mis à mort sous un empereur romain, appelé néron. Un autre empereur, nommé dioclétien, persécuta cruellement la religion de jésus-christ. David eut pour

(1) L'élève les écrira sur son cahier de cette façon :

PATRE, nom commun.
HAMEAU, nom commun.
VILLE, nom commun.
ROME, nom propre, etc.

fils salomon, le plus sage des rois de l'orient. Celui-ci fit bâtir un temple au seigneur, à jérusalem, ville de judée. Il avait fait alliance auparavant avec le roi de tyr, nommé hyrcan, qui lui envoya beaucoup de cèdres du mont liban. On divise le monde en cinq parties : l'europe, l'asie, l'afrique, l'amérique et l'océanie. L'amérique a été découverte par christophe colomb. Ce hardi navigateur était né à gênes, ville d'italie. Paul et antoine, solitaires. Annibal et scipion, généraux habiles.

Exercice 9e.

L'élève fera connaître les noms, en indiquant s'ils sont masculins ou féminins (1). — (Gramm., n° 21.)

La rose. Le pommier. Le vautour. Le berceau de l'enfant. Le bosquet du jardin. Cueillez cette fleur, et donnez-la à votre mère. Un loup et un agneau buvaient au même ruisseau. L'église du village. Le roi des animaux. Le chantre des nuits. La trahison de Judas. La tendresse de Jésus pour ses disciples. Le troupeau du berger. Les bœufs du laboureur. Le départ des matelots. Deux pigeons viennent de s'envoler du colombier. Les chasseurs ont tué trois sangliers.

Exercice 10e.

L'élève fera connaître les noms, en indiquant s'ils sont au singulier ou au pluriel (2). — (Voy. Gramm., n° 22.)

Le pinson. La tourterelle. Les cailles et les perdrix.

---

(1) L'élève les écrira sur son cahier de cette façon :

Rose, nom commun féminin.
Pommier, nom commun masculin.
Vautour, nom commun masculin.
Berceau, nom commun masculin, etc.

(2) Pinson, nom commun au singulier.
Tourterelle, nom commun au singulier.
Cailles, nom commun au pluriel, etc.

Le filet du pêcheur. La caverne des voleurs. Les montres de l'horloger. Les vertus de la Vierge Marie. Avez-vous remis vos habits au domestique? Portez ces malles au grenier, et mettez-vous ensuite au travail. Des hommes méchants. Des plantes nuisibles. Une tempête affreuse. Les premiers bruits de la foudre inspirèrent la frayeur aux passagers et au pilote lui-même. Les murs de Rome. Le camp des ennemis. Le colonel a donné ses ordres aux officiers. Tous les médecins recommandent la sobriété aux hommes.

RÉCAPITULATION sur l'article et le nom.

EXERCICE 11e.

L'élève fera connaître : 1° les articles, en indiquant s'ils sont simples ou composés; 2° les noms, en indiquant s'ils sont communs ou propres (1). — (GRAMM., n°s 17, 18, 19.)

La chaumière du pauvre. Le maître de la maison. Les larmes de S. Pierre. La cruauté de Néron. La ville de Calais fut sauvée par le dévouement de six de ses habitants. La grâce est un don de Dieu. J'ai recommandé votre affaire au préfet. La légèreté est naturelle aux enfants. Les flèches des Indiens sont empoisonnées. Les coutumes d'un royaume. Les herbes des jardins. La verdure de la prairie. Le doux murmure des fontaines. La solitude du désert. La vie nomade des Arabes. Les mosquées sont les temples des mahométans. La sagesse de Salomon. Le naufrage du navire.

---

(1) Modèle :

LA, article simple.
CHAUMIÈRE, nom commun.
DU, article composé.
PAUVRE, nom commun, etc.

Exercice 12ᵉ.

L'élève fera connaître, comme ci-dessus, les articles et les noms, en y ajoutant le genre (1). — (Gramm., nᵒˢ 17, 18, 19, 21.)

La France. La Belgique. Le lapin. Les poissons. La montagne du Calvaire. La croix de Jésus-Christ. Le gage des domestiques. L'île de Corse. Les monstres marins. Les portes de la prison. Les ténèbres de la nuit. La fertilité des campagnes. Les sauvages vivent au milieu des forêts; ils sont adonnés aux superstitions les plus grossières; ils vivent, non de leur travail, mais des fruits des arbres; ils aiment la pêche et la chasse. Les ours de la mer Blanche. Les lions d'Afrique. Les chevaux des Arabes.

Exercice 13ᵉ.

L'élève fera connaître, comme ci-dessus, les articles et les noms, en y ajoutant le nombre (2). — (Gramm., nᵒˢ 17, 18, 19, 21, 22.)

Les armes des soldats. Les livres de l'écolier. Les eaux de la Seine. Les généraux de l'armée. Les jeux de l'enfance. Les vents du Nord. La chaleur du climat. J'ai vendu ma montre au bijoutier. J'ai parcouru les plaines de la Pologne. Avez-vous recommandé aux postillons de tenir nos chevaux prêts? Les tableaux du peintre. Les belles descriptions de la nature. La rigueur de la saison. L'ennui des voyages. L'agrément de

---

(1) Modèle :

La, article simple féminin.
France, nom commun féminin.
Le, article simple masculin.
Lapin, nom commun masculin, etc.

(2) Les, article simple féminin pluriel.
Armes, nom commun féminin pluriel.
Des, article composé masculin pluriel.
Soldats, nom commun masculin pluriel, etc.

la campagne. Les inconvénients des villes. Lisez l'histoire de France. Les travaux des savants sont utiles aux autres hommes.

MANIÈRE DE FORMER LE PLURIEL DANS LES NOMS.

L'élève mettra au pluriel les noms de tous les exercices suivants. — (GRAMM., n° 24.)

EXERCICE 14°.

Les rose du jardin. Les soldat des armée. Les troupeau des montagne. Les vice dégradent l'homme. Les roi des nation. Les cause des guerre. Les feuille des rose. Les oiseau des colline. Les guerre des peuple. Les frère et les sœur. Les ville et les campagne. Les avocat et les juge. Les porte du palais. Les bœuf du laboureur. Les fenêtre des maison. Les renard mangent les poule, et les chat mangent les souris. Les lion, les tigre et les serpent abondent dans les désert de l'Afrique. Les voyageur doivent donc prendre les plus grandes précaution contre ces bête féroces.

EXERCICE 15°.

Noms terminés par s, x, z.

Les deux fils de mon oncle viendront bientôt me voir. Ils ont remporté plusieurs prix à la dernière distribution. J'ai vu les croix qui leur ont été données. Ils savent très bien la musique et ils ont des voix très agréables. Ils connaissent aussi l'histoire des temps anciens. Ils obéissent aux avis de leur père, et ses conseils sont pour eux d'un grand poids. Pendant les deux mois de leurs vacances, nous irons ensemble visiter les pays du Nord. On nous a promis pour ce voyage des habits d'un beau velours.

EXERCICE 16e.

Noms en au, eu, ou.

Voyez ces riants coteau, ces hameau solitaires. Admirez le chant des oiseau. Videz ces tonneau. Voulez-vous goûter ces gâteau? Notre flotte se compose de cinquante vaisseau. Les dieu des anciens n'étaient que de vaines idoles. David avait les cheveu roux. Les jeu des écoliers. Les vœu du pèlerin. Les adieu de saint Paul aux Ephésiens. Les deux neveu du prince. Les verrou de la prison. Les clou de la porte. Les joujou de l'enfant. Les filou des grandes villes. Les chou du jardin. Les trou de la muraille. Les deux genou. Les bijou de l'orfèvre. Les hibou sont des oiseau de nuit. Les caillou du ruisseau.

EXERCICE 17e.

Noms en al *et* ail.

Les maréchal de France. Les amiral anglais. Les bœufs et les cheval sont les animal les plus utiles à l'homme. Trois général ont été tués dans la bataille. Les mal de la vie sont innombrables. Les métal les plus précieux sont l'or et l'argent. Les travail de la campagne sont pénibles. Les gouvernail des vaisseaux. Les portail des églises. Les soupirail des cachots. Notre fermier a déjà fait deux bail. Les arsenal de l'Angleterre. Les canal de la Hollande. Les travail que la ville de Paris a entrepris. Les cheval arabes sont très recherchés. Les cardinal de l'église romaine.

RÉCAPITULATION sur la manière de former le pluriel dans les noms.

EXERCICE 18e.

Les plaisir de la campagne. Les réponse ingénieuses des enfant. Les livre des savant. Etudiez vos leçon. Secourez les pauvre. Admirez les action des grands homme, et imitez les vertu des saint. Les écolier aiment les récréation et les jeu. Si vous faites bien vos devoir, vous aurez des récompense. Les loup hurlent dans les bois. Les ours des Pyrénées. Les écho des montagne. Les prairie du vallon. Les cris du hibou. Jacob garda pendant quatorze an les troupeau de son oncle Laban.

Exercice 19e.

Les abeille nous donnent le miel et la cire. Elles habitent dans des cellule. Elles vont dans les pré et dans les jardin sucer le suc des fleur. Abraham fit creuser plusieurs puits dans les lieu où paissaient ses troupeau. Les gazon fleuris et les vertes prairie réjouissent les regard de l'homme. Les berger font entendre des air champêtres sur leurs légers chalumeau. Cet officier a eu les deux bras emportés. Les caillou du torrent. Les bijou magnifiques. Les bœuf et les cheval sont des animal domestiques.

Exercice 20e.

Job possédait six mille chameau, quatorze mille brebis, mille paire de bœuf et mille ânesse. Les bateau à vapeur vont sur les fleuve avec une rapidité extraordinaire. Henri II, roi de France, est le premier qui ait porté des bas de soie. Des feu de joie ont célébré les victoire de nos troupe. Les château du voisinage. Les général d'Alexandre. La prison était éclairée par deux soupirail. Les aïeul de cette famille remontent jusqu'aux croisades. Les bons élève. Les enfant sages. Les événement de l'histoire. Les église de la plupart de nos ville sont des monument remarquables.

EXERCICE 21°.

Les deux amiral français Tourville et Duquesne se signalèrent contre les Anglais. Le Souverain Pontife vient de nommer trois nouveaux cardinal. Nos aïeul étaient plus religieux que nous. J'ai visité les hôpital de Paris : il est impossible de voir de plus beaux hôpital. Les arsenal sont des magasin d'armes. Les Philistins crevèrent les œil à Samson. Les ciel publient la gloire du Très-Haut. Les ronce et les épine couvrent la terre. Les art et les science. Les moineau et les perdrix. Les chou et les autres légume des jardin.

EXERCICE 22°.

Les peuple les plus courageux de la Grèce étaient les Athénien et les Lacédémonien. Fléchissez sans cesse les genou devant Dieu. Vos neveu sont nos ami : ils viendront avec nous visiter les contrée de l'Allemagne. C'est un de nos commis, homme probe et instruit, qui nous accompagnera. Comme il a déjà fait ce voyage au printemps dernier et plusieurs autres fois encore, il connaît très bien les mœurs et les usage de ces pays. On y fabrique, nous dit-il, de beaux tapis et des montre dont les rouages sont montés sur rubis. Les maison y sont bien bâties, les jardin bien cultivés ; en général, les habitant y sont d'une propreté exquise.

EXERCICE 23°.

Les jeu de hasard. Les fils de Clovis. Les vis et les roue des machine. Les avis des parent. Les eau de tous les ruisseau vont à la mer. Les tuyau de l'orgue. Les feu d'artifice. Des cheveu épais. Des vœux sincères. Des métal précieux. La sagesse des aïeuls. Les malheur de la guerre. La tendresse des mère pour les enfant. Les froid de l'hiver et les chaleur de l'été. La voûte azurée des ciel. Les habitant de la ville de Strasbourg crevèrent les œil à celui qui fit la superbe horloge que tous les voyageurs admirent, afin qu'il ne pût pas en faire d'autres ailleurs. Les grands talent de cet orateur. Les gouvernement de l'Europe. Les filou et les voleur sont punis tôt ou tard. Les élément des langue. Les règle de la grammaire. Les détail donnés par le maître.

CHAPITRE III

DE L'ADJECTIF.

EXERCICE 24e.

L'élève fera connaître, soit de vive voix, soit par écrit (1), *les adjectifs.* — (GRAMM., n° 26.)

La belle fleur. La rose charmante. Le maître indulgent. La violette humble et timide. Les seigneurs bons. La nation généreuse. Les lois sages. Les magistrats chrétiens. Les jardins fertiles. Les bois touffus. La réponse ingénieuse du jeune enfant. Lucullus, général habile. Judas Machabée, vaillant guerrier.

EXERCICE 25e.

Pensez souvent à cette éternité redoutable qui at-

(1) Ici, comme pour les articles et les noms, l'élève copiera l'Exercice, et soulignera les mots qu'il reconnaîtra pour être *adjectifs*; ou bien il les écrira sur son cahier de cette façon :

BELLE, adjectif.
CHARMANTE, adjectif.
INDULGENT, adjectif.
HUMBLE, adjectif, etc.

tend l'homme méchant. Les élèves laborieux sont les seuls qui goûtent des plaisirs vrais. Ces jardins sont grands. Ces fenêtres sont trop étroites. La nuit est sombre. La table ronde. La voix douce et agréable. La taille majestueuse du roi Louis XIV. La sagesse admirable de Salomon. La tendresse ineffable de notre divin Sauveur.

EXERCICE 26e.

Voilà un château magnifique. Un bonheur parfait est réservé à l'homme juste. Les enfants sont légers; mais je crois que les maîtres sont quelquefois trop sévères à leur égard. Les armées célèbres. Les fruits délicieux. Les apôtres zélés. Les Français courageux. Les yeux vifs et pénétrants de notre général. Les hommes polis. Les contrées fertiles.

MANIÈRE DE FORMER LE FÉMININ DANS LES ADJECTIFS.

EXERCICE 27e.

L'élève mettra au féminin les adjectifs de tous les exercices suivants. — (GRAMM., n° 28.)

La petite fille savant. Une maison petit. Une cour grand. Une personne poli. La terre est presque rond. La nation puissant. La femme rusé et babillard. La prison obscur. La conduite prudent. Une chose vrai. Une campagne bien cultivé. Une eau clair. Une mer profond. Une fleur fané. La reine compatissant. L'habitation étroit. La vigne voisin. L'heure court et rapide. La montagne haut et escarpé. La conduite prudent de notre ambassadeur. La demeure sacré du Seigneur. Ecoutez la parole saint avec une attention soutenu.

EXERCICE 28e.

Adjectifs terminés par e.

La jeunesse aimable. La famille honnête. L'occupation utile. La lionne terrible. La musique agréable. La jeunesse folâtre. La plante sauvage. La vie champêtre. La biche timide. La flèche rapide. La frayeur salutaire. La colère blâmable. La sueur humide. La lance redoutable de Goliath.

EXERCICE 29e.

Adjectifs terminés par el, eil, ien, on.

La louve cruel. La gloire éternel. J'ai une gravure pareil à celle-ci. Je loue votre bone conduite. Une famille ancien est estimable. La renommée immortel de Judas Machabée. Ne dites jamais une parole bouffone. La religion chrétien est aussi ancien que le monde. Jamais on n'a vu une récolte pareil à celle de cette année. La sentence cruel. La fête solennel. La religion païen. Une poire vermeil. Une chose nouvel.

EXERCICE 30e.

Adjectifs terminés par et, s, *etc.*

Les Russes éprouvèrent à Austerlitz une défaite complet. Donnez-moi une réponse net. On dit votre mère très inquiet sur votre départ. Voilà une personne discret. La cloche de la cathédrale est très gros. Voulez-vous acheter cette vache gras? Cette affaire est secret. Une nuit épais. Une porte trop bas. Ce jeune homme a une tête fol. L'affaire est nul. Mon ami, voilà une réponse bien sot.

EXERCICE 31e

Adjectifs terminés par f *et par* x.

Il faut, pour aller au Ciel, une foi vif et actif. Votre réponse est naïf. On livra une bataille décisif à Waterloo. Une réponse bref. Une maison neuf. Une personne laborieux. Une humeur inquiet et jaloux. Votre petite sœur est courageux. La fraise est délicieux.

David avait la chevelure roux, la figure doux, l'ame grand et généreux. Une humilité faux. Une opinion faux. Une histoire déjà vieux. Une personne pieux ne craint point la mort. Cette nouvelle est faux.

EXERCICE 32*.

Adjectifs terminés par eur, er, gu.

Une personne trompeur est presque toujours trompée à son tour. Une mère recommandait à sa fille de n'être ni parleur, ni moqueur, ni joueur. Une aventure singulier. L'influence protecteur de la Vierge Marie. Une ame fier et hautain. J'ai parcouru l'Europe entier l'année dernier. Le roi Achab convoita la vigne de Naboth, contigu à ses jardins. Votre blessure doit vous causer une douleur aigu. L'oracle de Delphes ne donna qu'une réponse ambigu. Votre mère est, dit-on, très ménager. Elle a raison : car il faut une attention toute particulier à son ménage, quand on a une si nombreux famille.

EXERCICE 33*.

Adjectifs qui forment leur féminin d'une manière irrégulière.

Avez-vous jamais lu la vie si beau et si édifiant de S. Jérôme? Ce grand saint est ordinairement représenté par les peintres avec une long barbe blanc, une figure sec et des traits amaigris. Il devait avoir la parole franc comme son caractère. Sa vie fut fort long, et sa vieillesse, à cause de ses austérités, dut être bien caduc. Il demeurait à Bethléem, petite ville de Judée. Ce pays, qui appartenait alors à la nation grec, est maintenant occupé par la nation turc. Il connaissait la langue hébraïque presque aussi bien que la langue latin. Son occupation favori était d'étudier pour dissiper l'influence malin du démon.

NOTA. — Nous ne donnons pas ici de Récapitulation sur la manière de former le féminin dans les adjectifs, parce qu'on trouvera des exemples suffisamment dans les Exercices qui sont donnés sur l'accord des adjectifs avec les noms, pag. 18 et suivantes.

MANIÈRE DE FORMER LE PLURIEL DANS LES ADJECTIFS.

EXERCICE 34e.

L'élève mettra au pluriel les adjectifs des exercices suivants. (GRAMM., n° 29.)

Les belle roses. Les sage règlements. Les temples saint. Les grand livres. Les seigneurs bon. Les hommes savant. Les lions féroce. Les éléphants docile. Les histoires célèbre. Les enfants léger. Les deux généraux ennemi. Les peuples voisin. Les Espagnols vindicatif. Les chirurgiens adroit et habile. Les gouffres profond et horrible. Les mulet entêté et indocile. Les cerfs tremblant et agile. Les arbres sauvage et touffu.

EXERCICE 35e.

Les bœufs patient et propre au labour. Les chevaux destiné à la guerre. Les cèdres élevé du Liban. Les troupes nombreuse des Arabes ne purent tenir contre nos soldats vaillant et discipliné. Catilina était allié aux familles les plus distinguée de Rome. Ses talents n'égalaient pas ses passions honteuse et nuisible à la république. Tous ses amis étaient, comme lui, enclin au vice.

EXERCICE 36e.

Adjectifs terminés par s, x, au, al, *etc.*

Salomon possédait des trésors nombreux. Que préféreriez-vous, d'être chauve ou d'avoir les cheveux gris? Des chants nouveau se font entendre. Tous les hommes malheureux méritent notre pitié. Les Français et les Anglais sont rival pour l'art de la marine. Les principal arbres sont le chêne et le sapin. Les traités de 1815 ont été fatal à la France. La Belgique entretient avec nous des rapports amical. Les beau livres ne sont pas toujours bons. Touts les hommes sont égal. Touts les enfants pieux sont heureux.

DIFFÉRENTES SORTES D'ADJECTIFS.

L'élève, dans tous les exercices suivants, fera connaître les adjectifs et indiquera s'ils sont qualificatifs, ou numéraux, ou possessifs, etc. (1). — (Voy. GRAMM., nos 31, 32, 33, 34, 35.)

EXERCICE 37e.

Les conquêtes célèbres de César. Mon jeune frère. Un homme prudent. Les grandes batailles. Les défaites sanglantes. Les enfants sages. Les discours savants. Les jours heureux. Les vertus héroïques des saints. La poire est *plus bonne* que la pomme. Le cultivateur laborieux est préférable à l'homme riche qui passe sa vie dans une molle oisiveté. Les laines du Berri sont *plus bonnes* que celles des autres pays. Deux de mes amis viendront me voir prochainement. Le premier est le fils d'un honnête laboureur qui demeure dans un village, à cinq lieues d'ici; le second est le fils d'un riche négociant de Dijon.

EXERCICE 38e.

Un jeune enfant qui était en pension écrivait pour la première fois à ses parents. S'imaginant sans doute qu'ils étaient connus de tout le monde comme de lui, il mit sur sa lettre cette singulière adresse : « A Mon- » sieur mon père et à Madame ma mère, demeurant » dans notre maison. » Ce même enfant voulut voir un jour s'il avait bonne grâce à dormir. Il prit donc son miroir et s'y regarda les yeux fermés.

EXERCICE 39e.

Le gouverneur de ce même enfant l'ayant trouvé un jour au lit à huit heures du matin, lui dit : « Vous

---

(1) Modèle :

CÉLÈBRES, adjectif qualificatif.
MON, adjectif possessif.
JEUNE, adjectif qualificatif.
UN, adjectif numéral cardinal, etc.

» dormez encore, paresseux? Le soleil est déjà levé » depuis deux heures. » — « Suis-je donc cause, répondit notre étourdi en se frottant les yeux, si le soleil se lève avant le jour? » — Vis-à-vis de la maison de ses parents, vivaient deux frères jumeaux, dont l'un vint à mourir. Ayant rencontré, quelques jours après, celui qui avait survécu à l'autre, il lui demanda lequel, de lui ou de son frère, était mort. — Vous riez, mes petits amis, de ce récit; mais c'est peut-être là l'histoire de plusieurs d'entre vous.

EXERCICE 40e.

Combien vous coûte cette maison? Nos bergers et les vôtres se sont querellés. Plusieurs officiers engagèrent Annibal à mettre le siége devant Rome. Chaque jour ce général fit de nouveaux progrès. Quelques amis sages suffisent à l'homme de bien. Aucun jeu n'est plus innocent ni plus amusant que le jeu de billard. Nul homme n'est content de son sort. Simples, hospitaliers, craignant Dieu, tels étaient les patriarches. Quelle foi dans Abraham! Quel tendresse et quel respect pour ses parents dans Isaac! Leur propre mérite, leurs richesses, le grand nombre de leurs troupeaux et de leurs serviteurs leur donnaient une véritable puissance. Aussi voyons-nous qu'ils étaient respectés de tous leurs voisins : les rois mêmes les redoutaient.

RÈGLE DES ADJECTIFS.

L'élève, dans tous les exercices suivants, fera accorder les adjectifs en genre et en nombre avec les noms auxquels ils se rapportent. — (GRAMM., n° 36.)

EXERCICE 41e.

Un beau jardin, de beau jardins. Une fleur charmant, des fleurs charmant. Des enfants léger. Des troupes courageux. Des armées victorieux. Des jardins magnifique. Les bel statues. Les sœurs sage. Les destinées incertain. Les exploits illustre. Les peuple libre. Les plaisirs vrai. La vierge saint. Les enfants heureux. Les histoires nécessaire. La réponse ingénieux. Les hommes juste. La reine indulgent. La médiocrité précieux. Les campagnes fertile de la riante Italie. La tête actif. Les amis nécessaire. Les princes indulgent. Les bon ouvrages. Les travaux pénible. Les jambes court de cet animal. Les herbes salutaire des collines environnant. Les plumes léger de l'oiseau.

EXERCICE 42e.

L'eau pur et doux. Les enfants poli. Les beau troupeaux. Les guerres cruel. Les plumes noir du corbeau. Les fruits mûr du verger. Les solitaires âgé de la Thébaïde. Les vases sacré du temple de Salomon. La valeur guerrier des troupes français. La nation espagnol. L'infanterie anglais. La dur captivité de l'empereur Napoléon. Les rochers escarpé de l'île Sainte-Hélène. L'espérance trompeur. Les brebis doux et timide. Les récréations agréable. La clémence divin. La lumière douteux de la lune pâle et voilé. Les psaumes ravissant de David. La divin eucharistie. L'Eglise militant et l'Eglise triomphant. Les trois vertus théologal sont : la foi, l'espérance et la charité.

EXERCICE 43e.

La ville de Lyon fabrique des étoffes très fin. La reine de Saba fut content de tout les grand et bel choses qu'elle vit à Jérusalem. S. Louis et tout sa cour vinrent jusqu'à Sens au-devant de la saint couronne d'épines. La guerre cruel. La sœur gai. La maison blanc et peint. La mine trompeur de cet enfant. La nouvelle faux de notre défaite. L'analyse grammatical. La piété filial. L'imagination fol. L'école mutuel. Les partages égal des biens paternel. Les statues grec sont les productions les plus beaux de la sculpture. Jacob donna à Joseph une robe neuf. Une lumière vif et rayonnant brilla sur la tête de Notre-Seigneur dans sa glorieux transfiguration. Les Bédouins ont éprouvé une défaite complet. Il faut entretenir avec ses voisins des rapports franc et loyal. Cette petite fille si bavard est restée coi quand il s'est agi de répondre aux différente questions de son examen.

EXERCICE 44e.

Une humeur jaloux et inquiet rend malheureux. Les observations malin de cet enfant. La linotte vif et léger. La fleur bleu et vert. La lionne fier et cruel. Les tribus fugitif d'Israël. La tournure vif, original et ingénieux de votre lettre m'a fait plaisir. Cet homme. Cet personne. Cet rivière. Ce héros. Cet hameau. Cet plante. Cet charmant petit maison me plaît beaucoup. Voyez cet épais fumée qui sort de votre maison. Cet personne est discret et fin. Nos amis ont perdu leur bagages en route. Leur santé est meilleur que la nôtre. J'écouterai avec plaisir plusieurs aventures singulier qui leur sont arrivées. En ce monde, nul joie sans mélange. Les Hébreux apprenaient à leur enfants à connaître Dieu. Les villes de Gomorrhe et de Sodome et leur habitants périrent dans un déluge de feu.

EXERCICE 45e.

Le jeune Augustin, ayant fait les plus tendre adieux à sa mère, monta sur le vaisseau et se rendit à Rome. Cet ville était alors renommé pour les maîtres distingué qui y enseignaient les bel lettres à la jeunesse; mais en même temps le séjour en était très dangereux pour les jeunes gens qui y venaient de tout les parties de l'empire. Quelque excellent que fussent les maîtres, les disciples ne l'étaient pas autant. Plusieurs, en sortant de l'école, se rendaient aux spectacles du cirque, pour y voir d'infortuné captif exposés aux bêtes les plus féroce, aux lions, aux tigres ou à des taureaux indompté. D'autres, malgré les leçons d'une saine philosophie, ne pouvaient sortir de cette vie mol et oisif dans laquelle ils s'étaient accoutumés à passer des journées et des années entier. Augustin succomba, comme tant d'autre, à tant de séduction. Mais son génie élevé, son ame aimant et généreux lui ayant fait voir que la seul vrai félicité se trouve dans la connaissance et l'accomplissement du bien, il embrassa la religion chrétien et mena une vie pénitent et retiré. Il devint dans la suite un des plus saint évêques et des plus grand docteurs dont l'Église puisse se glorifier.

EXERCICE 46e.

Les bergers avec leur flûtes se virent bientôt plus heureux que les rois, et leur cabanes attiraient en foule les plaisirs pur qui fuient les palais doré. Mon enfant, on m'a fait de vous des plaintes amer. Votre vie me paraît plus doux que la mienne. Son char était traîné par des chevaux marin plus blanc que la neige. C'était une conque d'une merveilleux figure. Elle avait un visage serein et une doux majesté qui faisaient fuir les vents séditieux et toute les noir tempêtes. On voyait, au milieu des airs, Eole empressé, inquiet et ardent. Son visage ridé, sa voix menaçant, ses sourcils épais et pendant, ses yeux plein d'un feu sombre et austère, tenaient en silence les fier aquilons, et repoussaient touts les nuages. Les immense baleines et touts les monstres marin, faisant avec leur narines un flux et reflux de l'onde amer, sortaient à la hâte de leurs grottes profond.

EXERCICE 47e.

Ces deux étoffes sont pareils. Cette salle est trop bas. Cette coutume est-elle ancien? Voilà une pâte trop mou pour faire de bon pain. Versailles est une ville presque neuf. Les vieil villes sont noir et ont des rues généralement étroit et mal pavés. Les jeune chats ont des manières gentil et pleine de grâce. La langue breton. La gros cloche du monastère. L'année prochain. Les populations chrétien du Liban. Il m'a confié les choses les plus secret. Une planche épais. Des conditions nul. Des aventures fol et singulier. Les flottes grec. Les armées turc. Les roses blanc. Les fruits sec. Les âmes altier et orgueilleux. Les promesses trompeurs. Les robes long. Les personnes caduc. De l'eau frais. Une prononciation franc et clair. Des douleurs aigu. Les promenades public de la ville de Dijon sont fort beaux.

RÉCAPITULATION GÉNÉRALE sur l'article, le nom et l'adjectif. — Voy GRAMM., depuis le n° 17 jusqu'au n° 36.)

EXERCICE 48e.

***L'élève, dans les exercices suivants, fera connaître les articles, les noms et les adjectifs* (1).**

Le prince habile. La charmante église du village.

---

(1) Modèle :

LE, article.
PRINCE, nom.
HABILE, adjectif f.
LA, article.
CHARMANTE, adjectif.
EGLISE, nom, etc.

Les ministres des rois. Le courtisan flatteur. L'alouette des champs. Obéissez aux lois sages et protectrices de la patrie. Les sentiments généreux du jeune homme. Les actions vertueuses des hommes saints. Donnez l'aumône à la veuve désolée et à l'orphelin malheureux.

EXERCICE 49e.

Le maintien sage et modeste des enfants vertueux. Nous apercevions des forêts sombres et des campagnes riantes. Les flèches meurtrières. Les épaisses ténèbres de l'idolâtrie. Le doux printemps revient. Les gras pâturages de la Normandie.

EXERCICE 50e.

L'élève, dans les deux exercices suivants, indiquera les articles, les noms et les adjectifs, en en faisant connaître l'espèce, c'est-à-dire s'ils sont simples ou composés, communs ou propres, qualificatifs, ou numéraux, ou possessifs, etc. (1).

La grande fête de Noël. La touchante bonté de notre Dieu. Les sermons éloquents de Bossuet. La découverte d'un nouveau monde. Le premier jour de l'an. Les succès de votre frère. La justice de nos princes. Le toit de cette maison. Les rues tortueuses de ce hameau. Les savants ouvrages de cet homme illustre.

EXERCICE 51e.

Les deux fils de Zébédée. Ces peuples ont les mêmes mœurs et les mêmes coutumes que nous. O mon ame, bénissez le Seigneur. Toutes les nations. Un certain homme. Chaque fête de la religion chrétienne a un caractère particulier. Aucun livre des philosophes n'est comparable à l'Evangile.

---

(1) Modèle :

LA, article simple.
GRANDE, adjectif qualificatif.
FÊTE, nom commun.
NOEL, nom propre, etc.

Exercice 52e.

L'élève ajoutera à tout ce qui précède, le genre et le nombre, tant des articles que des noms et des adjectifs (1).

L'homme juste. Les deux tables de la loi. La femme prudente. L'arche sainte. La distribution solennelle des prix. Les bâtiments de cette ferme sont vieux. La mère de ces petits oiseaux. Votre tante. Mon père et ma mère. La carte troisième de cet atlas.

Exercice 53e.

La république romaine. Plusieurs philosophes. Quelques soldats. Quelques personnes. Le même froid. La même chaleur. Quelle éloquence ! Quelle simplicité dans l'Evangile ! Apportez-nous les trois premiers volumes de cet ouvrage. Nos terres sont fertiles. La principale nourriture de l'homme est le pain.

CHAPITRE IV

DU PRONOM.

Exercice 54e.

L'élève fera connaître, soit de vive voix, soit par écrit (2), *les pronoms personnels.* — (Gramm., n° 39.)

Je lis la Bible. Nous bénissons Dieu. Vous travaillez beaucoup : pour moi, je me promène souvent. Mon

---

(1) Modèle :

L' pour *le*, article simple masculin singulier.
Homme, nom commun masculin singulier.
Juste, adj. qualif. masc. sing., parce qu'il se rapporte à *homme*.
Les, article simple féminin pluriel.
Deux, adj. numér. fém. plur., parce qu'il se rapporte à *tables*.

(2) L'élève les écrira sur son cahier de cette façon :
Je, pronom personnel de la 1re personne, mascul. singul.
Nous, pronom personnel de la 1re personne, mascul. plur.
Vous, pronom personnel de la 2e personne, masc. plur., etc.

cher fils, tu as besoin d'avis pour te bien conduire : garde-toi bien de fréquenter les méchants. Dieu créa d'abord Adam : il le plaça ensuite dans le Paradis terrestre. Eve fut tirée d'une de ses côtes ; elle lui fut donnée pour compagne. Il se repent. Elles se flattent. Nous leur pardonnons.

EXERCICE 55*.

L'élève fera connaître les pronoms possessifs. — (GRAMM., n° 40.)

Votre père est plus âgé que le mien ; mais ma mère est plus âgée que la vôtre. Mon cher Ernest, ma santé n'est pas aussi bonne que la tienne. Mes deux oncles ont une propriété charmante : la nôtre ne vaut pas la leur. Leurs bois sont vastes : les nôtres sont d'une étendue médiocre.

EXERCICE 56*.

L'élève fera connaître les pronoms démonstratifs. — (GRAMM., n° 41.)

Celui qui met un frein à la fureur des flots... Ce qui m'inquiète, c'est (1) la mauvaise santé de mon père. Ce que j'espère, c'est que je vivrai éternellement. Parmi les savants, ceux-ci disent oui, ceux-là disent non. Prenez ceci et donnez-moi cela. De ces étoffes, celles-ci coûtent trop cher et celles-là pas assez.

EXERCICE 57*.

L'élève fera connaître les pronoms indéfinis. — (GRAMM., n° 42.)

On vient de sonner : savez-vous si quelqu'un a été ouvrir? César était gendre de Pompée : l'un et l'autre n'écoutaient que leur ambition. Plusieurs disent qu'on aura un hiver rigoureux. Quiconque fait le mal a peur du grand jour. Chacun censure les défauts d'autrui, sans s'occuper des siens.

---

(1) Les élèves remarqueront une fois pour toutes que *c'est* est composé de deux mots, *ce* et *est*, et l'analyseront toujours ainsi : C'EST, pour *ce est* : CE, pronom démonstratif masculin singulier.

EXERCICE 58*.

L'élève fera connaître les pronoms relatifs. — (GRAMM., n° 43.)

Vous avez un oncle, m'avez-vous dit, lequel viendra bientôt vous voir. L'homme qui travaille. L'oiseau qui vole. Le livre dont je me sers. Les enfants auxquels je fais la classe. La petite fille à laquelle j'ai promis une récompense. L'animal que nous appelons lion. Le pauvre à qui vous avez fait l'aumône. Quoi de plus pernicieux que la paresse?

RÉCAPITULATION sur les pronoms.

EXERCICE 59*.

L'élève fera connaître indistinctement tous les pronoms, personnels, possessifs, etc., à mesure qu'ils se présenteront. — (GRAMM., n°s 39, 40, 41, 42, 43.)

Le roi Antiochus se flattait d'exterminer les Juifs. Mais il attira sur lui la colère de Dieu, et il mourut misérablement. J'ai vu votre maison de campagne; j'en ai admiré l'élégance et la simplicité. L'étude des langues anciennes est agréable; je m'y applique avec ardeur. Ce jeune homme est peu ouvert; mais ce qui rassure son père, c'est qu'il aime le travail. De mes deux frères Charles et Joseph, celui-ci aime beaucoup la chasse, et celui-là la pêche, ce qui va très bien à notre cuisinière; car l'un pourvoit ses fourneaux de gibier pour les jours gras, et l'autre de poisson pour les jours maigres. Dieu, en créant Eve, la favorisa du côté de la grâce et de la beauté, afin qu'elle pût plaire à son mari, qui était orné, lui, des dons de la force et de la sagesse. Le Seigneur les combla tous les deux de bienfaits. Mais ils furent assez ingrats pour les oublier: ils lui désobéirent en mangeant du fruit défendu, et par orgueil ils voulurent devenir semblables à lui,

Mais Dieu les punit en leur ôtant la jouissance de tous les biens dont il les avait comblés. Il leur défendit l'entrée du Paradis terrestre, et les en chassa pour toujours.

EXERCICE 60'.

D'où vient, ô Mécène, disait Horace, que personne n'est content de son sort? Cependant ceux qui se plaignent le plus, ne voudraient changer avec personne. Un proverbe dit : Tel qui rit vendredi, dimanche pleurera ; c'est-à-dire, tel qui est aujourd'hui dans la joie, sera demain dans les larmes. Celui qui n'a point l'espérance de la vie future doit être bien malheureux. Les livres que j'ai lus. Les hommes dont je vous ai parlé. Les maîtres à qui j'obéis. Les personnes auxquelles vous avez écrit. Ceux qui lisent les histoires connaissent les grands hommes de l'antiquité, lesquels avaient l'ame inaccessible à la crainte. Quoi de plus courageux que les Miltiade, les Thémistocle, les Léonidas! Que lisez-vous en ce moment? Au lieu de futilités, lisez la vie de ces grands hommes.

RÈGLE DES PRONOMS.

L'élève mettra les pronoms au même genre et au même nombre que les noms dont ils tiennent la place. — (GRAMM., n° 44.)

EXERCICE 61.

Votre livre est plus beau que le mienne. Votre mère est moins âgée que la mien : elle n'a en effet que quarante ans, et la mien en a plus de cinquante. Avez-vous lu le prophète Isaïe ? Ils est sublime presque partout. Nous avons cueilli hier les fruits de notre jardin ; les vôtres, m'a-t-on dit, ont été gâtés par la gelée. J'ai envoyé à Jules un panier de mes raisins, il m'en renverra sans doute un panier des siennes. Que fait-il penser de nos grands hommes, et de ceux des Grecs et des Romains ? Que les nôtre, j'entends ceux qui étaient chrétiens, l'emportent sur les leur : les nôtre, en effet, tel que S. Louis, Turenne, etc., agissaient en vue du souverain bien, qui est Dieu ; les leur, au contraire, ne suivaient que leurs passions. Ces statues sont assez belles, mais elle manquent d'expression.

Exercice 62e.

Trois hommes voyageaient ensemble : il rencontrèrent un trésor et le partagèrent ; il continuèrent leur route en s'entretenant de l'usage qu'il feraient de leurs richesses. Les vivres qu'il avaient apportés étaient consommés : il convinrent que le plus jeune d'entre eux irait en chercher à la ville : ils partit. En chemin, ils se disait en lui-même : Nous voilà riches, mes deux compagnons et moi, avec chacun notre part ; mais si avec la mien je pouvais encore avoir la leurs, je le serais bien davantage. Ne pourrais-je pas la leur enlever ? Cela me serait facile ; je n'aurais qu'à empoisonner les vivres que je vais acheter ; à mon retour, je dirais que j'ai dîné à la ville : mes compagnons mangeraient sans défiance, et il mourraient ; je n'ai que le tiers du trésor, et j'aurais tout. Cependant les deux autres voyageurs s'étaient assis, et il se disaient : « C'était bien la peine que ce jeune homme se trouvât avec nous ; nous n'aurions pas été obligés de faire trois parts : la sien aurait augmenté les nôtre, et nous serions plus riches ; il va venir, tuons-le. » Le jeune homme revint avec des vivres empoisonnés ; ses compagnons l'assassinèrent, il mangèrent, il moururent, et le trésor n'appartint à personne.

RÉCAPITULATION GÉNÉRALE sur les articles, les noms, les adjectifs et les pronoms.

EXERCICE 63e.

L'élève fera connaître les articles, les noms, les adjectifs et les pronoms, et en indiquera l'espèce, le genre et le nombre (1).

J'étudie la langue française. Vous apprendrez cette leçon jusqu'à la ligne quinzième. Le cheval qui court ; les chevaux qui courent. Le bœuf qui laboure ; la vache qui mugit. On dit ; on raconte. Ceux qui écoutent les mauvais conseils. Il rit. Ils s'amusent.

EXERCICE 64e.

Notre tâche est achevée ; la vôtre ne l'est pas encore. Nous sommes bergers, disait Jacob au roi Pharaon. Ruth voulut accompagner sa belle-mère Noëmi ; elle lui disait : Votre Dieu sera mon Dieu, et votre peuple sera mon peuple.

EXERCICE 65e.

Mon enfant, ne vous vantez jamais ; car quiconque s'élève sera abaissé. Ce qui me frappe le plus dans Démosthènes, c'est la force du discours. Ces deux voleurs se sont querellés ; l'un voulait prendre ce que l'autre voulait garder.

EXERCICE 66e.

L'homme auquel vous avez fait des reproches. Vos parents que vous offensez. Que dites-vous ? A quoi pensez-vous ? O mon fils, plaignez les hommes aveugles qui ne connaissent point le joug si doux et si léger de Notre-Seigneur Jésus-Christ !

---

(1) Modèle :

J' pour *je*, pronom personnel de la 1re personne, masc. sing.
LA, article simple, féminin singulier.
LANGUE, nom commun, féminin singulier.
FRANÇAISE, adj. qualif. fém. sing. qui se rapporte à *langue*.
VOUS, pronom pers. de la 2e personne, masculin plur., etc.

CHAPITRE V.

DU VERBE.

EXERCICE 67e.

L'élève, dans les deux exercices suivants, fera connaître les verbes, soit de vive voix, soit par écrit sur son cahier (1). — (GRAMM., n° 46.)

Dieu aime les hommes. Il leur promet de grandes récompenses. Travaillez bien, mes chers amis. Nous étudions. Vous jouez. Ils chantent. Vivre en chrétien, c'est se préparer à mourir en paix. Les poissons nagent. Les oiseaux volent. Les reptiles rampent. J'irai voir la capitale. Paris est, dit-on, la plus belle ville du monde. Alexandre chérissait Ephestion.

EXERCICE 68e.

Les lions deviennent quelquefois humains. Un de ces animaux sauva la vie à l'esclave Androclès. Un autre aimait tendrement un petit chien qu'on lui avait jeté en pâture. Quand il le vit mort, il devint inconsolable; il refusa toute nourriture, et il mourut bientôt lui-même. Les enfants aiment les récréations. Les soldats font la guerre avec courage.

EXERCICE 69e.

L'élève, dans les deux exercices suivants, fera connaître le sujet de chaque verbe (2). — (GRAMM., n° 53.)

Le père travaille. La mère file. L'enfant joue. La

(1) L'élève les écrira sur son cahier de cette façon :
AIME, verbe.
PROMET, verbe.
TRAVAILLEZ, verbe, etc.

(2) Modèle : LE PÈRE, sujet du verbe *travaille*.
LA MÈRE, sujet du verbe *file*, etc.

lumière brille. Le soleil échauffe. Je lis. Vous étudiez. Nous chantons. Vous pleurez. Les hommes du Nord sont robustes ; ils aiment leur patrie. Les Français connaissent la guerre; ils sont braves. S. Paul chérissait son disciple Timothée. David tua le géant Goliath. Jésus consola sa sainte mère. Louis XIV eut de grands ministres.

EXERCICE 70°.

Tobie ensevelissait les morts ; il soulageait ses frères malheureux. Il prêta dix talents à Gabélus. Votre frère a reçu le sacrement de confirmation hier ; quant à votre petite sœur, elle fera sa première communion dans quinze jours. Les hommes sont pécheurs ; ils ont besoin de pardon. Ces personnes viendront dimanche ; elles iront à la messe à la cathédrale. Moïse mourut dans le désert.

EXERCICE 71°.

L'élève, dans les deux exercices suivants, fera connaître le complément direct de chaque verbe. — (GRAMM., n° 55.)

J'adore le Seigneur. J'imite mon père. J'aime l'étude. Je cultive la terre. Vous gardez les troupeaux. Le maître corrige les devoirs. Le chat mange la souris. Le chasseur tue les oiseaux. Nous pratiquons la vertu. Tous les animaux, les tigres même, nourrissent leurs petits. Les bergers de Bethléem entendirent les anges qui chantaient.

EXERCICE 72°.

Les mages suivirent l'étoile. Sylla abdiqua le souverain pouvoir. S. Laurent souffrit le martyre. Saül

---

(1) Modèle :

LE SEIGNEUR, complément direct du verbe *adore*.
MON PÈRE, complément direct du verbe *imite*, etc.

cherchait les ânesses de son père quand on le fit roi. Les fils de Jacob vendirent Joseph. Les loups égorgent les troupeaux. Les Apôtres avaient fermé les portes du Cénacle. Les Juifs lapidèrent le diacre saint Etienne.

EXERCICE 73*.

L'élève, dans les deux exercices suivants, fera connaître le complément indirect de chaque verbe (1). — GRAMM., n° 55.)

Je parle à la reine. J'obéis à ma mère. Je travaille à mon devoir. Vous vous appliquez à la musique. Je réponds à mon cousin. Nous écrirons à nos amis. Le soleil luit sur les bons et sur les méchants. Je prépare un bouquet de fleurs pour mon maître. Je suis accablé de chagrin. Votre conduite n'est approuvée de personne. La lettre qui m'a été écrite par le ministre. L'officier à qui vous avez donné des ordres. J'ai détourné cet homme du crime. Rendez service à tout le monde. Défiez-vous des flatteurs.

EXERCICE 74*.

Les voleurs ont été arrêtés par la police. J'ai promis un livre à cet enfant. Votre mère est touchée de votre repentir. Les parents travaillent pour leurs enfants. Dieu défendit à Adam et à Eve. Jésus répondit aux docteurs de la loi. Moïse reprocha aux Juifs. La ville d'Orléans fut sauvée par Jeanne d'Arc. Béthulie était assiégée par Holopherne. Ne vous réjouissez jamais du malheur d'autrui. Rendez cet objet à son maître. Apprenez de moi, disait Jésus-Christ à ses disciples, que je suis doux et humble de cœur.

---

(1) Modèle :

A LA REINE, complément indirect du verbe *parle*.
A MA MÈRE, complément indirect du verbe *obéis*, etc.

RÉCAPITULATION sur les Exercices précédents.

EXERCICE 75*.

L'élève, dans tous les Exercices suivants, fera connaître les sujets, les verbes et les compléments, soit directs, soit indirects (1). — (GRAMM., n°s 45, 52, 54.)

Esaü aimait la chasse. Ulysse erra sur les mers ; il étudia les mœurs des différents peuples. Annibal subjugua l'Espagne. Les Gaulois prirent la ville de Rome. Darius écrivit à Alexandre une lettre pleine d'orgueil. Vous vous appliquez au dessin et à la peinture; étudiez aussi l'histoire. Les Apôtres apportèrent à Jésus cinq pains et deux poissons. Les magistrats vous accusent de cette faute. Ils vous reprochent d'avoir engagé ce jeune homme au crime. Ce marchand nous a offert des bijoux. Vos maîtres se réjouissent de vos progrès ; ils vous louent beaucoup et vous promettent les plus beaux prix. Taillez votre plume ; écrivez une dictée. Ils dirent à Jacob qu'une bête féroce avait dévoré leur frère. Ils se repentirent plus tard de cette abominable action.

EXERCICE 76*.

Nos soldats ont repoussé l'ennemi. Henri IV était chéri de ses peuples. Cicéron a composé une harangue magnifique pour Milon, citoyen romain. Il soutint sa cause devant Pompée. Socrate souffrait patiemment les injures de son épouse. Les hommes vertueux sont persécutés par les méchants. Jésus garda le silence

---

(1) Modèle :

ESAU, sujet de *aimait*.
AIMAIT, verbe.
LA CHASSE, complément direct du verbe *aimait*.
ULYSSE, sujet de *erra*.
ERRA, verbe.
SUR LES MERS, complément indirect du verbe *erra*, etc.

devant Hérode. Il fut couronné d'épines par les soldats. Il porta sa croix, aidé par Simon le Cyrénéen. Il eut la douleur de rencontrer sa sainte mère, qui était accablée de chagrin. O mon fils, aimez un sauveur qui a tant souffert pour vous ! Ces deux officiers ont montré une telle bravoure, qu'ils ont reçu de leur général des récompenses les plus glorieuses. Homère parcourait les villes de la Grèce en chantant ses poésies. Il était fort pauvre, et recevait des secours de tous ceux qui prenaient pitié de lui.

EXERCICE 77*.

Demandez à votre père la permission de lire cet ouvrage. On aime le langage naïf de l'enfance. Jouissez chrétiennement des biens de la vie. Les princes doivent choisir des hommes sages pour rendre la justice. Quant est-ce que vous me mènerez visiter le beau domaine que cultive votre frère ? S. Ambroise, évêque de Milan, interdit à l'empereur Théodore l'entrée de l'Eglise. Celui-ci fit une pénitence publique de son crime. Il avait ordonné le massacre des habitants de Thessalonique, parce que ceux-ci avaient traîné ses statues dans la boue. Jacob craignit son frère, et il se sauva chez son oncle Laban. On admire le génie de l'empereur Napoléon. Racine peut être comparé, pour la beauté, à Sophocle. Charlemagne fut couronné roi d'Italie par le pape Léon III.

VERBE *AVOIR* ET VERBE *ÊTRE*.

NOTA. — *Pour faciliter l'étude du verbe* AVOIR *et du verbe* ÊTRE, *on fera bien de les faire conjuguer souvent aux élèves en y ajoutant quelques petits mots pour varier, comme ci-après.*

Conjuguez :

SUR AVOIR : J'ai faim, j'ai soif, j'ai coutume, j'ai peur, j'ai honte, j'ai froid, j'ai chaud, j'ai tort, j'ai regret, j'ai l'assurance, j'ai la confiance, j'ai pouvoir, etc.

Sur Être : je suis sage, je suis studieux, je suis jeune, je suis bon, je suis laborieux, je suis pauvre, je suis malade, je suis fort, je suis faible, je suis habile, je suis patient, je suis chagrin, je suis savant, je suis causeur, etc.

CONJUGAISON DES VERBES.

1re Section. — Verbes actifs.

Conjuguez :

Sur Aimer : adorer, bavarder, chanter, donner, éprouver, folâtrer, gagner, hâter, imaginer, jeûner, laver, marcher, nager, occuper, planter, questionner, radoter, séparer, tirer, usurper, vanter, etc.

Sur Finir : agir, brunir, crépir, désunir, embellir, fournir, remplir, vomir, punir, munir, ternir, vernir, réussir, régir, unir, nourrir, avertir, abolir, ravir, reverdir, rougir, amollir, etc.

Sur Recevoir : apercevoir, devoir, décevoir, concevoir, percevoir, redevoir, etc.

Sur Rendre : apprendre, défendre, perdre, vendre, rompre, corrompre, fendre, tendre, fondre, prétendre, perdre, pendre, suspendre, répandre, confondre, répondre, mordre, tordre, écrire, conduire, conclure, abattre, etc.

REMARQUES SUR LES VERBES ACTIFS.

L'élève mettra à chaque personne les lettres qui doivent la terminer. — (Gramm., n° 61.)

(Nota. — Tous les Exercices suivants sont très importants.)

Exercice 78e.

Tu joue. Paul chantes. Adolphe étudi. Vous voyagé.

Nous travaillon. Tu aimera ton prochain comme toi-même. La vertu es plus précieuse que l'or. Epaminondas remporterat la victoire sur les Spartiates. Caïus Gracchus et Tibérius Gracchus plaiderons pour le peuple. Les enfants aime les joujoux. S. Bernard es éloquent : il parlent avec onction. Tu visitera les malades et tu les consolera. Nous parton demain. Les mines d'or sont fréquentes en Amérique. Louis XIV aimais trop la guerre. Bossuet enseignais les lettres au fils de ce prince. Les ennemis respectait les propriétés de Fénélon, à cause de sa vertu. On dit que vous blâmé les œuvres de Molière ; vous avez raison : cet auteur sera toujours dangereux ; ne le lisez donc pas. Nous remporteron de meilleurs fruits de la lecture des bons historiens.

Exercice 79e.

Tu me demande, mon cher ami, comment je passes mon temps à la campagne : le voici. Je me lèves à six heures, je ranges mon cabinet ; je fait mes prières et lis un chapitre de la Bible ; j'étudies ensuite où je met au net ce que je n'ai fait qu'ébaucher la veille ; je travailles une heure à l'allemand ; j'apprends un verbe de cette langue, laquelle, pour le dire en passant, es assez difficile ; à dix heures, je descend dans la salle à manger ; je vais ensuite me promené, je cueille quelques fleurs, puis je rentres dans ma chambre, où j'écrit de nouveau. Ces dispositions de ma journée change pourtant quelquefois. Ainsi, un jour par semaine, sans compter le dimanche, je me rend le matin à l'église du hameau et j'y entend la messe : c'es ordinairement le vendredi. Pourquoi ce jour-là plutôt qu'un autre ? dira-tu. Parce que c'es le jour où Notre-Seigneur mourus pour le salut des hommes. Je consacre aussi quelquefois mes soirées aux plaisirs de la vie champêtre. Tantôt, comme dirais Horace, je tend des lacets à la grive gourmande, ou bien je chasse le lièvre timide; tantôt, armé du fil trompeur, j'attire à sa perte le poisson avide et trop confiant. O Jules, ô Ernest, ô mes amis, croyez-moi, quittés vos vains plaisirs; aimez, craignez Dieu, cultivez votre esprit, et, comme moi, vous serez véritablement et sincèrement heureux.

Exercice 80ᵉ.

Télémaque racontent ainsi les jeux qui eut lieu et auxquels il assistat dans l'île de Crète : « Nous arrivame, dit il, à une espèce de cirque très vaste; le milieu du cirque étais une arène préparée pour les combattants; elle étaient bordée par un grand amphithéâtre d'un gazon frais, sur lequel étais assis et rangé un peuple innombrable. Quand nous arrivame, on nous reçut avec honneur : car les Crétois sont les peuples du monde qui exerce le plus noblement l'hospitalité. On nous fis asseoir et on nous invitas à combattre. Mentor s'en excusas sur son âge, et Hazaël sur sa faible santé. Ma jeunesse et ma vigueur m'ôtait toute excuse : je jeté néanmoins un coup d'œil sur Mentor (c'était son gouverneur) pour découvrir sa pensée, et j'aperçut qu'il souhaitait que je combattisse. J'acceptez donc l'offre qu'on me faisais : je me dépouillez de mes habits; on fis couler des flots d'huile douce et luisante sur tous les membres de mon corps, et je me mêlé parmi les combattants. On dis de tous côtés que c'étais le fils d'Ulysse qui étais venu pour tâché de remporté le prix, et plusieurs Crétois, qui avait été à Ithaque pendant mon enfance, me reconnurent.

Exercice 81ᵉ

Le premier combat fus celui de la lutte. Un Rhodien, d'environ trente-cinq ans, surmontas tous les autres qui osèrent se présenter à lui. Il étaient encore dans toute la vigueur de la jeunesse : ses bras était nerveux et bien nourris ; au moindre mouvement qu'il faisais, on voyait tous ses muscles. Je ne lui parut pas digne d'être vaincu ; et, regardant avec pitié ma tendre jeunesse, il voulut se retirer ; mais je me présenté à lui. Alors nous nous saisime l'un l'autre ; nous nous serrame à perdre la respiration. Nous étiont épaule contre épaule, pied contre pied, tous les nerfs tendus et les bras entrelacés comme des serpents, chacun s'efforçant d'enlever de terre son ennemi. Tantôt il essayait de me surprendre en me poussant du côté droit ; tantôt il s'efforçais de me pencher du côté gauche. Pendant qu'il me tâtait ainsi, je le poussez avec tant de violence que ses reins plièrent ; il tomba sur l'arène et m'entraîna sur lui. En vain il tâcha de me mettre dessous ; je le tint immobile sous moi. Tout le peuple cria : Victoire au fils d'Ulysse ! Et j'aidé au Rhodien confus à se relever.

EXERCICE 82°.

L'élève mettra aux participes la terminaison qui leur convient.

J'ai reçut ta lettre. Avez-vous éteint la lumière ? Nous avons résolut de faire un pèlerinage à Jérusalem. J'ai finis mon devoir. En allant de Marseille à Livourne, nous avons aperçut un dauphin qui nageait derrière notre vaisseau. Ce prisonnier a briser ses chaînes. Ce missionnaire a convertit plusieurs nations indiennes. Alexandre a détruis la ville de Thèbes ; mais il a épargner la maison de Pindare, poète célèbre. La mort de Notre-Seigneur Jésus-Christ a réjouit les anges, effrayé les démons, ouvert le ciel, sauvés la terre.

EXERCICE 83°.

Pourquoi, mon cher Adolphe, as-tu été punit et mis en retenue par ton maître ? Tu as sans doute fait quelque sottise ou quelque malice à tes petits condisciples. J'en suis fâchés pour toi ; sans cela je t'aurais conduit avec ton frère à la ménagerie si curieuse de M. Bihin. S. Pierre est mort à Rome, où il a été crucifié la tête en bas. S. Paul a beaucoup souffert de la part des Juifs : après avoir été battus de verges en plusieurs circonstances, il fut enfin traduis devant le tribunal du proconsul romain. Il en appela à l'empereur, et étant venus à Rome, il fut absout une première fois ; mais plus tard il fut condamné, mit en prison et enfin décapité le même jour que S. Pierre.

Nota. — On trouvera, à la fin de ce Petit Cours, des Exercices sur les verbes en *cer*, *ger*, *eler*, *eter*, etc., ainsi que sur les *verbes irréguliers*. Le maître les fera faire à l'élève, quand il le jugera à propos.

RÈGLE DES VERBES,

OU MANIÈRE DE FAIRE ACCORDER LES VERBES AVEC LEUR SUJET. — (Voy GRAMM., n° 62.)

EXERCICE 84e.

Les hommes travaille. Les enfants étudie. Les philosophes enseigne la sagesse. Le peuple romain osaient les plus grandes choses. Les sauvages du Paraguay aimait la musique. Les conquérants ravage les provinces. Les Français cultive les arts. Les écoliers joue. Les maîtres dorme. Le chien aboient. Le chat sommeillent. Les Espagnols travaille peu. Les païens adorait de faux dieux : leurs principales divinités était Jupiter, Mars, Apollon, Neptune, Vénus. Socrate instruisaient les jeunes gens d'Athènes : Alcibiade lui-même l'écoutaient volontiers. Les personnes pieuses secoure les malheureux. Dieu pardonnent au cœur contrit et humilié. Les corbeaux vive longtemps. Le sénat romain était inaccessible à la crainte. Les richesses corrompe les hommes. Le chagrin accablent votre ami. Le ministre approuvent la conduite de ce général.

EXERCICE 85e.

Caton l'ancien déclaraient la guerre au luxe et aux méchants : il exerçaient la charge de censeur. Je parles, tu écoute. Il étudies. Nous joueront. Vous chanterai. Ils pleure. Tu viendra me voir la semaine prochaine : tu trouvera plusieurs amis réunis chez moi. Cet enfant aiment bien peu l'étude : il auraient besoin d'une forte correction. Je ranges en ce moment ma bibliothèque : je met un peu d'ordre dans ma chambre. Jules César écrivaient avec une grande pureté de style : les écrivains admire le récit qu'il a fait de ses guerres. Nous loueront les hommes honnêtes. Nous rechercheront la compagnie des savants. Vous cultiverai la terre : vous mangerai votre pain à la sueur de votre front. Tu prie le Seigneur et tu respecte ton père. Vous suivrai nos conseils. Tu entreprend une affaire périlleuse. Je craint le péché. Tu le craindrait bien davantage encore, si tu comprenait l'injure qu'il fait à Dieu. Viendra-tu à la ville avec moi? ırons-nous voir le musée?

EXERCICE 86e.

Une admirable providence, dit un auteur, se fais remarquer dans les nids des oiseaux. Aussitôt que les arbres ont développé leurs fleurs, mille ouvriers commence leurs travaux : ceux-ci porte de longues pailles dans le trou d'un vieux mur; ceux-là maçonne des bâtiments aux fenêtres des églises; d'autres cherche un crin à une cavale, ou le brin de laine que la brebis a laissé suspendu à la ronce. Il y a des bûcherons qui croise des branches dans la cime d'un arbre : il y a des filandières qui recueille la soie sur un chardon. Mille palais s'élève, et chaque palais est un nid; chaque nid vois des métamorphoses charmantes, un œuf brillant, ensuite un petit couvert de duvet. Ce nourrisson prend des plumes, sa mère lui apprends à se soulever sur sa couche: bientôt il va jusqu'à se pencher sur le bord de son berceau, d'où il jettent un premier coup d'œil sur la nature. Effrayé et ravi, il se précipitent parmi ses frères, qui n'ont point encore vu ce spectacle; mais, rappelé par la voix de ses parents, il sors une seconde fois de sa couche, et ce jeune roi des airs, qui porte encore la couronne de l'enfance autour de sa tête, osent déjà contempler le vaste ciel, la cime ondoyante des pins et les abîmes de verdure au-dessous du chêne paternel. Et pourtant, tandis que les forêts se réjouisse en recevant leur nouvel hôte, un vieil oiseau qui se sent abandonné de ses ailes, vient s'abattre auprès d'un courant d'eau; là, résigné et solitaire, il attends tranquillement la mort au bord du même fleuve où il chantas ses plaisirs, et dont les arbres portes encore son nid et sa postérité harmonieuse.

EXERCICE 87e.

Pierre et Paul étudie. L'homme et la femme travaille. Condé et Turenne battirent les ennemis. Pélopidas et Epaminondas était les plus illustres citoyens de Thèbes. Le bœuf et le cheval laboures. Le frère et la sœur s'aime. Le peuplier et le sapin porte leurs têtes jusqu'aux nues. La pauvreté et l'humilité convient aux disciples d'un Dieu crucifié. Louis XVI et la reine Marie-Antoinette partir de Paris; mais ils furent arrêtés à Varennes et ramenés dans la capitale. Adam et Eve perdirent leurs droits au ciel. La paresse et la gourmandise nuit au corps et à l'esprit. David et Jonathas était étroitement unis. Je crains que mon ami et son frère ne vienne pas aujourd'hui: ils ne viendront peut-être qu'après-demain.

EXERCICE 88e.

Annibal et Amilcar, son père, haïssait mortellement

les Romains. S. Grégoire de Nazianze et S. Basile étudiais ensemble à Athènes : ils était les modèles de leurs condisciples; ils ne connaissait, disent-ils, que deux chemins, celui de l'école et celui de l'église. Bossuet et Bourdaloue annonçait les vérités de la religion aux grands de la cour. Le sot et l'orgueilleux se blesse des paroles d'autrui. Vous et moi nous iront à Florence. J.-C. dit aux Juifs : Moi et mon père nous agissons toujours. L'ange et Tobie revinrent de leur voyage. Saül dis au grand prêtre : Pourquoi, vous et David, avez-vous conjuré contre moi ? Le grand prêtre répondis : Moi et David nous n'avons point conjuré contre vous. Moi et ma famille nous vous sommes très fidèles.

Exercice 89e.

Attila, roi des Huns, se faisais appeler le *fléau de Dieu*. Il vins pour ravager l'Italie, et il s'avançaient déjà contre Rome. Mais le pape S. Léon allas à sa rencontre, et par la majesté de son visage et la hardiesse de ses discours, il contraignis en quelque sorte ce roi barbare à retirer ses hordes féroces. — Nous lisons dans l'histoire ancienne un beau trait de présence d'esprit. L'armée thébaine, que commandait alors Pélopidas, ayant été surprise par les ennemis, un des soldats courus aussitôt en avertir le général ; et dès qu'il l'aperçus : « Nous sommes tombés, dit-il, » entre les mains des ennemis. Point du tout, répon- » dit Pélopidas, ils sont tombés entre les nôtres. » Rangeant alors son armée en bataille, il se disposat à marcher contre l'ennemi, qui pris bientôt la fuite et fus complètement défait.

2e Section. — Verbes passifs.

Conjuguez sur *être aimé* : Être loué, être flatté, être béni, être répandu, être adoré, être noyé, être congédié, être tué, être mené, être pris, être perdu, être confondu, être réjoui, être conduit, être mort, être ressuscité, etc., *et tous les verbes actifs qu'on a donnés à conjuguer sur* AIMER.

3e Section. — Verbes pronominaux.

CONJUGUEZ sur *se flatter :* Se louer, se repentir, se réjouir, se vanter, s'adorer, se regarder, se battre, se disputer, s'emporter, se blâmer, se reprocher, se conduire, se confondre, se divertir, se cacher, se taire, se couvrir, se porter bien, se voiler, se déchirer, etc.

4e Section. — Verbes neutres.

CONJUGUEZ sur *tomber :* Entrer, rester, sortir, retomber, déchoir, aller, mourir, rentrer, arriver, etc.

5e Section. — Verbes impersonnels.

CONJUGUEZ sur *il tonne :* Il pleut, il neige, il fait froid, il faut, il importe, il semble, il paraît, il arrive, il se trouve, il grêle, etc.

RÉCAPITULATION sur tous les verbes.

EXERCICE 90e.

L'élève fera connaître les verbes, en indiquant s'ils sont actifs, ou passifs, ou neutres, etc. (1).

Nous cultivons la terre. Vous riez. Nous pleurons. Cet officier perdit une jambe à la bataille. Votre frère connaît la botanique. Les Russes ont fait mille prisonniers. Je partirai dans trois jours. Votre sort est envié de tout le monde. Nous sommes enchantés de notre voyage. S. Louis s'empara de la ville de Damiette. Les ennemis se défendirent vigoureusement.

---

(1) Modèle :

CULTIVONS, verbe actif, parce qu'on peut dire cultiver quelqu'un ou quelque chose.
RIEZ, verbe neutre.
PLEURONS, verbe neutre, etc.

EXERCICE 91e.

Il a plu toute la journée. Il neigera demain. Les élèves se promèneront sous l'ombrage. Ils seront récompensés de leur travail. Il importe que vous deveniez savant. Le Nil fertilise l'Egypte. Turenne fut tué par un boulet. Combien avez-vous remporté de prix ? Je vous engage à aller voir votre ami. Ces hommes se disputent; ils se reprochent leur avarice. Nous nous sommes promis de visiter Rome cette année.

EXERCICE 92e.

L'élève, dans les exercices suivants, fera connaître les verbes actifs, neutres, etc., en indiquant en outre le nombre, la personne, le mode et le temps (1). — (Voy. GRAMM., nos 47, 48, 49, 50.)

Je chante. Vous dormez. Le maître lirait. J'étudierai. Nous jouerons. Cet écrivain a visité la Grèce. La religion adoucit les mœurs des hommes. Le prince fera la guerre. Les soldats combattront. Les moissons mûrissent. La cigale ayant chanté tout l'été. Socrate répondant à ses juges. Nous avons admiré ces beaux lieux. Je me repens de ma paresse.

EXERCICE 93e.

Le Sauveur fut mis à mort par les Juifs. Tu te flattes de surpasser tes condisciples. Je voyagerais si j'étais guéri. Il tonnera dans la soirée. Il faut que vous aimiez vos semblables, si vous voulez plaire à Dieu. Les

---

(1) Modèle :

CHANTE, verbe actif, à la 1re personne du singul. du présent, mode indicatif.

DORMEZ, verbe neutre, 2e personne du pluriel du présent, mode indicatif.

LIRAIT, verbe actif, 3e personne singul. du présent, mode conditionnel, etc.

Athéniens s'opposèrent au décret. Les assiégés se moquaient des assiégeants. Il faudrait qu'il fût bien injuste pour commettre une telle action.

Exercice 94e.

Que je blâme. Que tu aies blâmé. Qu'il eût blâmé. Avoir blâmé. Si vous eussiez blâmé. Quand nous aurions blâmé. Que je blâmasse. Blâmez toujours les impies. Il importe qu'il pleuve : les blés souffrent. Nous nous serions égarés en route, si la nuit fût venue. Abstenez-vous de tout péché. L'homme qui se contente de ce qu'il a, est toujours heureux. Nous avons été reçus par votre mère avec beaucoup de politesse. Ils se sont applaudis de leur succès. Ils auraient voulu que les ennemis leur offrissent la bataille.

Exercice 95e.

L'élève fera connaître les verbes, avec tout ce qui est dit ci-dessus, et indiquera en outre les sujets et les compléments, soit directs, soit indirects, avec le genre et le nombre (1). — (Gramm., depuis le nº 47 jusqu'au nº 56.)

Caïn tua son frère. Les disciples dirent à Jésus. Les hommes aiment leur patrie. Les Romains refusèrent les présents de Pyrrhus. Epaminondas gagna la bataille de Mantinée. Jésus obéissait à Marie et à Joseph : il les aimait, il les écoutait. Je vous louerai. Nous

(1) Modèle :

Caïn, nom propre, mascul. sing., sujet de *tua*.

Tua, verbe actif, à la 3e personne du passé défini, mode indicatif.

Frère, nom commun, masculin singulier, complément direct du verbe *tua*.

Disciples, nom commun, masculin plur., sujet de *dirent*.

Dirent, verbe actif, 3e personne plurielle du passé défini, mode indicatif.

Jésus, nom propre, masculin singulier, complément indirect du verbe *dire*, etc.

vous attendrons. Je vous écrirai bientôt. Brutus eut la cruauté de poignarder César. O Dieu! nous implorons votre miséricorde. L'aveugle recouvra la vue et suivit le Sauveur. Pierre se souvint de la parole de son maître.

EXERCICE 96e.

Néron était détesté des Romains; il fut forcé de se donner la mort. Le père et le fils travaillent ensemble. David ayant péché, demanda pardon au Seigneur. Il se couvrit d'un sac et fit pénitence. Je viens d'acheter un cheval. Ces musiciens jouent admirablement; je les ai entendus. Cette femme aurait été décapitée, si le crime eût été prouvé. Vous m'invoquerez, dit le Seigneur, et je vous exaucerai.

EXERCICE 97e.

Les Juifs préférèrent Barabbas à Jésus. Le Rhône et la Saône réunissent leurs eaux au-dessous de Lyon. Toute la ville de Béthulie rendit grâces à Dieu. La modestie et le silence conviennent aux enfants. Il faut qu'un bon pasteur meure pour ses brebis. Le fils de Dieu s'est sacrifié pour nous. Charlemagne fut craint de ses voisins. Nous nous serions abstenus de cette action, si nous avions pensé qu'elle serait blâmée par nos maîtres. Je voudrais que les hommes parvinssent à détruire la guerre. Jésus ressuscita la fille de Jaïre; Pierre, Jacques et Jean étaient présents à ce miracle. Nous irons à la campagne la semaine prochaine; je vous prie de vouloir bien nous accompagner si cela vous fait plaisir. Jules, portez mon habit chez le tailleur; donnez-moi mon chapeau.

CHAPITRE VI.

DU PARTICIPE.

EXERCICE 98e.

L'élève fera connaître les participes, soit présents, soit passés (1.) — (GRAMM., n° 68).

Moïse passa 40 ans dans le désert, gardant les troupeaux de son beau-père Jéthro. David était aussi berger, conduisant les troupeaux de son père Jessé, luttant contre les lions et les ours qui venaient pour les dévorer, et les forçant à fuir ou les mettant quelquefois en pièces. Je voudrais bien voir les champs de bataille illustrés par nos soldats. La France a des plaines bien cultivées, des montagnes couvertes de bois touffus, des villes bien bâties, des ports de mer bien fréquentés, des arsenaux bien fournis, des citadelles fortement défendues par des canons.

EXERCICE 99e.

Ces voyageurs sont arrivés ce matin : on dit qu'ils sont tombés de voiture et que l'un deux a la jambe fracassée. Ils ont été punis de leur témérité ; car ils pressaient trop leurs chevaux : ceux-ci, s'étant emportés, les renversèrent et brisèrent la voiture. Ces fougueux animaux n'ont été arrêtés qu'une lieue plus loin. On dit que des bruits fâcheux sont répandus contre ce général. Il aurait été battu, assure-t-on, en plusieurs rencontres par sa faute. J'en suis étonné,

(1) Modèle : GARDANT, participe présent.
CONDUISANT, participe présent, etc.

car, dans les campagnes précédentes, il avait toujours bien pris ses mesures : ses troupes, d'ailleurs, étaient bien fournies de munitions.

RÈGLE DES PARTICIPES.

EXERCICE 100e.

L'élève observera la règle : Heureux les enfants aimant Dieu! (GRAMM., n° 69.)

Les astres placés sur nos têtes et roulants dans l'espace proclament assez haut l'existence d'un Dieu tout-puissant. Voilà des enfants charmant tout le monde par leur politesse. Quel plus beau spectacle que celui de voir, au retour du printemps, la nature renaissant de toutes parts, les arbres poussants des boutons et des feuilles, les prairies laissants reparaître leurs fleurs aux mille couleurs, les oiseaux s'élevants dans les airs et chantants leurs refrains, les poissons, jusque-là renfermés dans leurs prisons de glace, nageants dans les ondes avec un plaisir nouveau; enfin l'air s'adoucissant et les doux zéphirs se jouant avec grâce dans les rameaux des arbres et ranimants par leurs chaudes haleines les campagnes engourdies! Quoi de plus ravissants que le séjour de la campagne dans ces moments fortunés !...

EXERCICE 101e.

L'élève observera la règle: Heureux les enfants aimés de Dieu! (GRAMM., n° 70.)

Une prairie émaillé de fleurs. Une maison bien bâti. Des jardins semé de légumes. Une flamme éteint. La mer sillonné par de nombreux vaisseaux. Des naufrages causé par la tempête. Les flancs du navire battu par les vents. La prairie coupé par de petits ruisseaux serpentants et revenants vers leur source. La bataille livré aux ennemis. La caverne rempli de serpents. Les cœurs corrompu par les mauvaises lectures n'aiment point les choses sérieuses. L'île de Robinson était connu des sauvages ; elle était visité par eux assez souvent. Les singes sautants de branche en branche faisaient tomber eux-mêmes les fruits des cocotiers.

Exercice 102°.

Des statues grossièrement travaillé. Des habits déchiré. Des vaisseaux fendants les ondes. Des villes construit à grands frais. Alexandrie fondé par Alexandre le Grand. La ville de Lisbonne détruit par un tremblement de terre; celle de Marseille décimé par la peste et soulagé par son évêque, Monseigneur de Belzunce. Votre chambre est-elle rangé et mis en ordre? Voilà des vases de fleurs bien mal placé; si vous les laissez là, ils seront infailliblement renversé et cassé. Ces tapisseries ont besoin d'être secoués; quant à ces gravures, pourquoi ne sont-elles pas encadré? Vous voyez qu'elles sont toutes noircis par la fumée et couvert de poussière.

Exercice 103°.

Dans la persécution allumé contre les chrétiens sous l'empereur Valérien, l'église de Carthage fut cruellement éprouvé. L'illustre S. Cyprien, qui en était évêque, fut arrêtés et conduis devant le proconsul Paterne. Celui-ci l'envoya en exil à Corube, petite ville situé sur la côte d'Afrique, qui n'était pas fort éloigné de Carthage. Plusieurs autres évêques d'Afrique et un grand nombre de prêtres furent banni en même temps, dispersé en des lieux sauvages, où ils eurent mille incommodités à souffrir. S. Cyprien demeura une année entière dans le lieu de son exil;

puis il fut ramenés à Carthage, pour y être jugés par le nouveau proconsul qui avait succédé à Paterne. Après plusieurs questions, le juge, prenant tablette où la sentence était écrit, la lut haute voix ; elle était conçu en ces termes : « Il est ordonné que Cyprien sera puni par l'épée. » Arrivés au lieu du supplice, le saint évêque adressa à Dieu une fervente prière ; quand elle fut achevé, il ôta ses habits, noua lui-même par derrière le bandeau pour se couvrir les yeux, fit donner au bourreau vingt-cinq écus d'or, puis, se mettant à genoux et tenant les mains croisé sur sa poitrine, il attendit le coup qui devait le faire passer de cette vie à la glorieuse immortalité. Il eut la tête tranché.

CHAPITRE VII

DE L'ADVERBE.

EXERCICE 104ᵉ.

L'élève fera connaître les adverbes (1). — GRAMM., n° 71.)

Les Grecs vainquirent les Perses, d'abord à Salamine, et ensuite à Platée. Autrefois les hommes étaient plus simples et plus sobres qu'aujourd'hui. Imitez toujours les gens de bien, et ne vous laissez jamais entraîner par les méchants. On dit que les Espagnols jouent très bien de la guitare. La Côte-d'Or produit beaucoup de vins excellents. Jésus, sur la croix, dit à Marie : Voilà votre fils ; ensuite il dit à S. Jean : Voilà votre

(1) Dans ce dernier cas, l'élève copiera l'Exercice et soulignera les *adverbes*. — Il en sera de même pour les *prépositions*, les *conjonctions* et les *interjections*.

mère. Louis XIV, insulté par un jeune seigneur, fut assez maître de lui-même pour ne pas le frapper. Cet enfant se conduit sagement partout où il se trouve. Il salue poliment, et parle modestement devant les personnes plus âgées que lui. J'ai remarqué qu'à table, loin de se laisser aller à la gourmandise, il est au contraire très sobre. Il prend peu de vin, ou il a soin d'y mettre beaucoup d'eau. Quand il était dans notre collége, il obéissait sur-le-champ ; s'il entendait sonner l'heure de la classe, il s'y rendait aussitôt. En général, il était très aimable : aussi était-il aimé de tout le monde. Seulement, comme il était vif, il avait le défaut de s'emporter quelquefois violemment; mais il riait bientôt le premier de son emportement. Il se plaisait encore assez souvent à railler ses condisciples ; mais comme il était d'ailleurs très bon, ils le lui pardonnaient de bien bon cœur.

CHAPITRE VIII.

DE LA PRÉPOSITION.

EXERCICE 105e.

L'élève fera connaître les prépositions. — (GRAMM., n° 68.)

La vengeance divine éclata sur Valérien, qui avait si cruellement persécuté les chrétiens. Ce prince, après avoir perdu une bataille, s'engagea imprudemment dans une conférence avec Sapor, roi de Perse, qui se saisit de sa personne, le retint prisonnier, et le traita avec la dernière indignité. Quand Sapor voulait monter à cheval, il faisait courber l'empereur devant lui, et lui mettant le pied sur le cou il s'en servait comme d'étrier. Enfin il le fit écorcher tout vif, et sa peau, teinte en rouge, fut suspendue dans un temple de Perse, comme un monument de l'opprobre des Romains. Chez qui irez-vous passer votre soirée? Voulez-vous venir avec moi à Notre-Dame-des-Victoires? Vous verrez quelle foule se réunit dans cette église, et combien sont touchants les exercices qui s'y font en l'honneur de la reine du ciel. Soyez charitable envers les pauvres. Selon moi, vous avez tort. Travaillez pendant votre jeunesse. En Suède, l'air est froid, mais très pur. Les Mages passèrent par Jérusalem. Scipion partit de l'Italie pour l'Afrique, et vainquit le fameux Annibal. S. Augustin vint au monde à Tagaste, ville d'Afrique. Parmi les morts, on compta trente généraux. Moyennant la grâce de Dieu, tout le monde peut vaincre ses passions.

CHAPITRE IX.

DE LA CONJONCTION.

Exercice 106e.

L'élève fera connaître les conjonctions. — (Gramm., n° 75.)

Si Roboam eût écouté les vieillards... Lorsque S. François de Sales prêchait... Venez me voir, et j'irai ensuite vous voir. Pendant que Noé bâtissait l'arche... Comme dit le proverbe... Quoique vous soyez riche... Tandis que Jésus était en croix... Ne vous vantez point : car vous trouverez toujours plus savant ou plus puissant que vous. Tant que vous serez heureux, vous compterez beaucoup d'amis; mais si le ciel s'assombrit, c'est-à-dire si le malheur vous frappe, vous serez bientôt seul. C'est en 1789 que commença la grande révolution française. Je pense que vous n'étiez pas né alors. Depuis que cette époque a fait voir à quels excès les hommes peuvent se porter, la France est revenue à de meilleurs sentiments. Toutefois elle laisse encore bien à désirer, puisqu'un grand nombre de citoyens vivent encore comme s'il n'y avait ni Dieu, ni foi, ni loi en ce monde. Mon ami n'a plus ni chevaux, ni voitures : il a vendu tout ce qu'il avait, soit à la ville, soit à la campagne. Je pense, disait un célèbre philosophe : donc je suis.

CHAPITRE X.

DE L'INTERJECTION.

Exercice 107e.

L'élève fera connaître les interjections. — (Gramm., n° 77.)

O Croix de Jésus-Christ! vous êtes le salut du monde. Je crus voir Hector devant moi; hélas! dans quel état le ciel l'offrit à mes yeux! Malheur à vous! riches impitoyables : Dieu vous réserve un avenir terrible. Je descends du vaisseau, j'arrive sur le port, mon ami m'aperçoit : Ha! dit-il, vous voilà, et il se jette dans mes bras. — Un lièvre, timide à l'excès, passait sur le bord d'un étang : voyant qu'il faisait peur aux grenouilles : « Oh! oh! dit-il, suis-je donc un foudre de guerre? » Au siége de Toulon, un jeune sergent écrivait sous la dictée de Bonaparte : tout à coup un boulet arrive, tombe auprès de lui et couvre son papier de sable et de terre : « Bon! dit-il, je n'aurai pas besoin de poussière. » — O hommes, que vous êtes insensés! ah! vous ne connaissez pas les vrais biens. Holà, hé! descendez, jeune homme. Un auteur a dit : Fi du plaisir que la crainte peut corrompre!

SUPPLÉMENT

A LA PREMIÈRE PARTIE.

Exercices sur les Notions préliminaires.

(Voy. GRAMM., depuis le n° 79 jusqu'au n° 84.)

EXERCICE 108e.

L'élève mettra des majuscules, des accents, des apostrophes, etc., partout où il en faudra.

Mon fils, lisez l'histoire. étudiez la vie des saints. nous irons demain à la campagne. ne voulez-vous pas venir avec nous? quel plaisir vous auriez cependant! pour moi, le tumulte de la ville me fatigue. Pilate dit en montrant Jésus : voilà l'homme. Mes deux amis jules et charles viennent de visiter une grande partie de l'europe ; ils en ont vu les principales villes, telles que rome, milan, vienne, constantinople. C'est de constantinople qu'ils viennent de m'écrire une lettre dans laquelle ils me disent : venez, cher ami, en orient avec nous. Nous irons ensemble à jérusalem, et nous visiterons le saint sépulcre. Nous parcourrons ensuite toute la palestine, et, l'évangile à la main, nous suivrons le sauveur, pour ainsi dire, pas à pas. C'est ici, dirons-nous, que l'homme-dieu a fait son premier miracle, aux noces de cana. C'est dans ce désert, près du jourdain, qu'il a jeûné. Voilà la montagne du thabor, où il a été transfiguré.

EXERCICE 109e.

Aléxandre, roi de macédoine, avait de grandes qualités. il était d'une taille élégante, avait le néz bien fait, la figure animée, le front noble et élevé. il donnait à tous l'éxemple de la bravoure dans les combats. il était généreux envers ses ennemis. sa vie a été écrite par plutarque. quoique cet auteur contienne des erreurs, vous le lirez avec plaisir. au reste, vous l'avez peut-être déjà lu, puisque vous avez été au collège. J'irai à la grand-messe avec ma grandetante et ma grande-mère. Cet habit ne me coûte que dix neuf francs, mais il vaut bien vingt cinq francs. Alexandre aimait les poëmes d'Homère. Il faut s'entraider. Bonaparte, quoique frêle dans sa jeunesse, était robuste. Louis XIV était très adroit à toutes sortes d'exercices. Avez vous fini vos devoirs? montrez les moi.

Mes malades jamais ne se plaignent de moi,
disait un médecin d'ignorance profonde.
ah! repartit un plaisant, je le croi,
vous les envoyez tous se plaindre en l'autre monde.

Un plaisant mit sur la tombe de sa femme cette épitaphe :

Ci-gît ma femme : ah! qu'elle est bien
pour son repos et pour le mien!

CHAPITRE PREMIER.

NOMS, ADJECTIFS ET VERBES IRRÉGULIERS.

ART. 1 et 2. — DU NOM.

EXERCICE 110°.

(GRAMM., n°° 84 et 85.)

Les travail de la campagne. Les douze travail d'Hercule étaient célèbres chez les païens. On a entrepris de grands travail pour ce chemin de fer. L'ingénieur en chef qui l'a tracé a eu longtemps plusieurs travail par semaine avec le ministre. Vous avez les œil enflammés ; ce sont ces ciel de lit qui en sont cause. On dit que nos aïeul vivaient plus longtemps que nous. Cependant il y a des hommes qui vivent encore aujourd'hui fort longtemps ; ainsi j'ai encore mes deux aïeul, dont l'un a plus de quatre-vingt-dix ans, et l'autre approche quatre-vingt-quinze. Ce dernier, qui est mon aïeul maternel, est encore plein de vigueur et vaque à ses travails ordinaires. Madame Dacier est la traductrice d'Homère. Craignez la fureur vengeuse du Seigneur. Les cieux de tableaux des peintres français ne sont pas assez foncés. Les yeux-de-bœuf sont de petites lucarnes ovales. Votre mère est autrice de plusieurs livres amusants pour les enfants. La somme réclamée par la partie demandeuse est de trois mille francs. Madeleine, la femme pécheuse, que Notre-Seigneur convertit, devint plus tard une grande sainte.

Art. 3. — DU VERBE.

Verbes en *cer, gèr, érer, èler, erer, èver,* etc. (Voy. Gramm., nos 87, 88, 89, 90.)

(Nota. — Les exercices suivants sont très importants.)

Exercice 111e.

Efforcons-nous, mes enfants, d'avancer tous les jours dans la vertu. Songons que le temps passe, et que la mort qui s'avance, nous surprendra bientôt. Les anciens lancaient des flèches avec une adresse merveilleuse. Philippe, père d'Alexandre, assiégait un jour une ville de Grèce. Un des habitants lui lanca une flèche à laquelle était attaché un billet ainsi concu : A l'œil droit de Philippe. Il lui perca en effet l'œil droit. Le roi lui renvoya la flèche avec un billet où il le menacait de la mort s'il prenait la ville. Il prit en effet la ville et le fit pendre. Ce sanglier ravagait toute la campagne avant qu'il fût tué. La victoire balanca entre les Russes et les Français ; notre armée forca enfin l'aile gauche des ennemis. Le prophète Jérémie menacait les Juifs des maux qui les accablèrent ensuite. Nabuchodonosor assiéga Jérusalem, chargea de chaînes les principaux habitants et les emmena captifs à Babylone.

EXERCICE 112*.

Les femmes de Sparte engagaient leurs fils à se conduire courageusement à la guerre. Cicéron prononca son premier discours à 17 ans. Bossuet commenca à prêcher à treize ans. César ranga son armée en bataille. Obligons tout le monde. Corrigons-nous nous-mêmes, et ne jugons personne témérairement. Les anciens ordonnaient qu'on plongât les parricides dans la mer. On les enfermait dans un sac de cuir, que l'on chargait d'une pierre. A mesure que je découvrais mes fautes dans la confession, il me semblait que je déchargais ma conscience comme d'un poids accablant. Placons-nous ici pour mieux voir passer la procession. Nous nous affligons, mon cher ami, de votre absence.

EXERCICE 113*.

J'espere, Monsieur, aller vous voir l'été prochain. Cet enfant regnera après son père. Pensez-vous qu'on releguera cet ambitieux loin d'ici? La promenade et la course alterent beaucoup. Xercès esperait vaincre les Grecs ; mais la bonne harmonie qui regnait entre ceux-ci leur fit vaincre un ennemi aussi formidable. On se rappele toujours avec plaisir le temps de sa jeunesse. Elevera-t-on une statue à l'archevêque de Paris, Mgr Affre? On acheve en ce moment le palais du Louvre. On espere même qu'il sera bientôt fini.

Nous reglerons bien nos affaires avant de partir pour l'Amérique. Vous vous rappelerez que vous me devez encore dix mille francs. Si nous esperions vous voir bientôt, j'irais à votre rencontre. Je vous emmenerais avec moi en Normandie, et je vous ramenerais ensuite à Paris. Qui n'espererait en la miséricorde de Dieu, quand on considère qu'il est venu lui-même en ce monde pour nous sauver? Cet homme est ivre; il chancele. On répetera la leçon de grammaire vendredi prochain. Renouvellez souvent les promesses de votre baptême. Cet homme riche leguerait tous ses biens aux pauvres, s'il craignait Dieu. On ménait hier trois prisonniers au supplice.

EXERCICE 114*.

Tu te leves, dit-on, de grand matin. Les Chinois jeteront bas leurs armes avant d'avoir seulement vu les troupes anglaises. Je nivele ce terrain pour en faire un jardin. Je changai hier ce cheval blanc contre ce cheval noir. Les Romains ne s'engagaient presque jamais dans deux guerres à la fois. Les prières des vivants abregent les souffrances des ames qui sont en purgatoire. Suppléez par le travail à ce qui vous manque du côté de l'intelligence : alors j'agrérai vos excuses, et tous vos maîtres les agréront comme moi. La femme, crée après l'homme, lui était donnée pour compagne. L'ame de l'homme fut crée à l'image et à la ressemblance de Dieu.

EXERCICE 115*.

On appele; allez-vite. Cet homme projete toujours plus qu'il n'exécute. Les ouvrages de Virgile étincelent de beautés. Cachetez mieux vos lettres : il faut presque toujours que je les recachete après vous. Que projetez-vous? Sachez qu'il faut qu'on pese bien ce que l'on projete si l'on veut réussir. Epaminondas haissait le mensonge. Je le hais également, et tout le monde doit le hair. Ce notaire vient de me rendre tout ce qui m'était redu. La chapelle de notre collége a été béni par Monseigneur l'Evêque. Tu hais les méchants, dis-tu; ne les appele donc pas à tes conseils. L'Empereur de Russie se créra un empire formidable, si les autres puissances n'y mettent pas obstacle. Les athlètes s'exerçaient à bien courire. Pour acquérire de la science, il faut beaucoup lire. Faites rôtir ou frire ce morceau de veau. En vous infligant cette punition, je n'ai fait que ce que j'ai du. Se croire plus habile que les autres et s'en prévaloire, est un orgueil détestable. Faites boire ces Messieurs, et venez voire les beaux cadeaux qu'ils nous ont apportés.

Exercice 116e.

Prends-tu du café à ton déjeuner? Je prétens que cela te ferait du bien. Un bon soldat doit savoir vaincre et mourire. Tâchez de cueillire cette fleur sans nuire à l'arbre. Apprandre à écrire est une chose assez difficile pour les enfants; je comprans que si on ne les contreint pas, il est à creindre qu'ils n'en viennent pas à bout. La garance est une plante qui tint en rouge; on s'en sert pour taindre les pantalons de nos soldats. Ce peintre travaille dans son atelier; il pint un vaisseau. Selon S. Paul, un chrétien doit se revêtire de J.-C., c'est-à-dire devenire semblable à lui. Il faut prévoire les choses de loin avant de les entreprendre.

Exercice 117e.

Verbes dont le participe présent est IANT *ou* YANT.
(Gramm., n° 91.)

Notre vaisseau étant battu par la tempête, nous

pleurions, nous prions, nous supplions Dieu de nous sauver du naufrage. Si vous niez votre faute, je vous en donnerais tout de suite les preuves. Vous vous fiez un peu trop sur la discrétion de vos complices; vous oubliez sans doute qu'ils étaient pour le moins aussi légers que vous. Nous cotoyons les bords de la Seine quand nous aperçûmes un malheureux qui se noiait. Je veux, mon fils, que vous étudiez la musique; cela vous ennuye, dites-vous; mais si vous essayez sérieusement une bonne fois, vous ne vous effrayeriez plus de la difficulté qu'il y a à battre la mesure. Si nous employons bien notre temps, nous pourrions devenir très savants. On dit que les Arabes fuyent devant nos troupes. David fuyant devant Absalon est une figure du Messie. Absalon fuiait à son tour devant l'armée de David, lorsqu'il fut percé de trois dards par Joab. Je nettoye mes livres; je nettoyerai ensuite les rayons de ma bibliothèque.

CHAPITRE II.

DE LA PRONONCIATION RÉGULIÈRE DE CERTAINS MOTS DIFFICILES.

NOTA. — *Pour habituer les élèves à bien prononcer les mots moins réguliers de la langue française, nous donnons ici quelques exercices qu'il sera bon de leur faire lire. On pourra même les leur faire copier, afin qu'ils retiennent bien l'orthographe de ces mots, presque toujours si différente de la prononciation.*

EXERCICE 118e.

Pendant le mois d'*août*, les *taons* sont fort à craindre. Les *oignons* d'Egypte sont d'une grosseur et d'une douceur extraordinaires: aussi les Hébreux les regrettaient-ils beaucoup dans le désert. Cessez, mon fils, de vous *enorgueillir; domptez* plutôt vos passions. Noë, ne connaissant pas encore la force du vin, *s'enivra*. A qui a-t-on porté un *toast* dans ce banquet? *Caën* est le chef-lieu du département du Calvados. Deux *œufs* de poule font à peine un *œuf* de dinde. *Newton*, philosophe anglais, était le plus savant homme de son temps; loin de *s'enorgueillir*, il était au contraire très modeste, et ne prononçait jamais le saint nom de Dieu sans se découvrir la tête. Le *cerf* est très léger à la course. *Aix* est une ville de Provence, et *Aix-la-Chapelle* une ville de Prusse, autrefois la capitale de l'empire de Charlemagne. Entendez-vous votre cheval qui *hennit?* il demande son avoine.

Exercice 119*

Bertrand *Du Guesclin* était le chevalier le plus laid, mais aussi le plus brave de tout le pays de France. L'évêché de *Laon* est un des plus anciens du royaume. Le *paon* a de plus belles plumes que la *paonne*. Si vous voulez vous dédire, il faudra que vous me donniez une *indemnité* d'au moins mille écus. Les *serfs* étaient autrefois des espèces d'esclaves attachés à la terre et cultivant les biens des seigneurs. Connaissez-vous *Bruxelles?* Non. *Alors* venez-y avec moi. Que ce jeune homme est donc *fat!* Il se croit quelque chose, *tandis que*, au contraire, tout le monde se moque de lui. Le *rhum* de la Jamaïque est la liqueur qu'un estomac dispos préfère à toutes les autres. Cet homme fut frappé d'apoplexie et tomba *roide* mort.

Exercice 120*.

Cette dame, en mourant, a fait à l'église de sa paroisse un *legs* considérable. Mettez le *signet* où j'ai fini ma lecture. Le traité de paix de *Westphalie* est un des plus célèbres qui aient jamais été faits. Croiriez-vous, mon ami, que la *gangrène* s'est mise dans la blessure de notre colonel, et qu'il a fallu lui couper la jambe. Le prix *net* de cet ouvrage est de douze francs A *Auxonne*, jolie petite ville de Bourgogne, sur la *Saône*, on voit encore la chambre qu'occupait Napoléon lorsqu'il n'était que simple lieutenant en garnison dans cette ville. Le *granit* est une pierre extrêmement dure. *Law*, banquier écossais, vint en France sous la régence du duc d'Orléans. Les *Quaker* sont une secte de protestants. *Shakspeare* est un célèbre poète tragique anglais. On peut dire que *Michel-Ange*, célèbre Italien, était le plus grand peintre, le plus grand architecte et le plus grand statuaire de son temps.

CHAPITRE III

ANALYSE GRAMMATICALE.

Modèles d'Analyse.

1.

Le printemps ramène la gaîté. L'enfant pieux est toujours content. Toute la nature montre l'art infini de son auteur. Ce jardin est plus grand que le vôtre. La France et l'Italie renferment de très beaux monuments. S. Louis confiait les emplois aux citoyens honnêtes et habiles de son royaume.

2.

Si vous êtes sage, vous serez toujours content de votre sort. Quand vous aurez lu ce livre, vous me le rendrez. Nous vous félicitons bien sincèrement de vos succès. Tout vieillit, excepté la terre, qui rajeunit chaque année au printemps.

3.

Les oiseaux, dit Cicéron, qui ont les jambes longues, ont aussi le cou long à proportion, pour pouvoir abaisser leur bec jusqu'à terre et y prendre leurs aliments. Le chameau est de même. L'éléphant, dont le cou serait trop pesant pour sa grosseur, s'il était aussi long que celui du chameau, a été pourvu d'une trompe, qui est un tissu de nerfs et de muscles qu'il allonge, qu'il retire, qu'il replie en tout sens, pour saisir les corps, pour les enlever et les repousser.

4.

C'est du sein inépuisable de la terre que sort tout ce qu'il y a de plus précieux. Cette masse informe, vile et grossière, prend toutes les formes les plus diverses, et elle seule donne tour à tour tous les biens que nous lui demandons. Cette boue si sale se transforme en mille beaux objets qui charment les yeux. Elle devient successivement tige, fleurs, boutons, fruits.

5.

Babylone fut prise par Cyrus, roi de Perse, qui mit les Juifs en liberté, et leur permit de retourner en leur pays et de rebâtir le temple et la ville de Jérusalem. Alexandre-le-Grand vint ensuite, et soumit à l'empire des Grecs la plus grande partie du monde. Les Juifs, se trouvant mêlés parmi les nations infidèles, ne laissèrent pas de garder fidèlement leur religion, et ne tombèrent plus guère dans l'idolâtrie depuis la captivité. La connaissance du vrai Dieu s'établissait peu à peu au milieu du paganisme. Il y eut toutefois des rois qui persécutèrent les Juifs pour les faire renoncer à leur sainte loi et adorer les idoles. C'est ainsi qu'Antiochus Epiphane, roi de Syrie, prit Jérusalem, profana le temple et fit cesser les sacrifices.

SECONDE PARTIE

OU

SYNTAXE

CHAPITRE PREMIER.

DE L'ARTICLE.

EXERCICE 121*.

L'élève observera la règle : Les rois et les sujets (1). — (GRAMM., n° 97.)

Les dieux et déesses des païens étaient tournés en ridicule par les hommes sensés. Cicéron disait qu'il ne concevait pas que les aruspices et augures pussent se regarder sans rire. Les maire et adjoint viennent d'être changés dans cette commune. Les soldats et officiers pleuraient également ce grand capitaine.

EXERCICE 122*.

Le vieux et le jeune soldat. — (GRAMM., n° 98.)

Les bons et mauvais conseils ont une grande influence sur la jeunesse. Les deuxième et sixième

(1) L'élève copiera l'Exercice et corrigera les fautes qu'il y rencontrera contre la règle indiquée. — Il en sera de même pour tous les autres exercices qui suivent.

livre de l'Enéïde sont des chefs-d'œuvre. Le brave et le loyal officier qui commandait fut décoré aux grands applaudissements de tous. Le simple et le sublime Lafontaine plaira toujours. Vos père et mère vivent-ils encore?

Exercice 123e.

J'ai lu de bons livres. — (Gramm., n° 99.)

On voyait autrefois en Egypte des superbes villes. La ville de Rome possède des magnifiques églises et des riches palais. Ces généraux ont commis des grandes fautes. Prenez des sages précautions pour éviter le danger. Nous mangeâmes de la bonne soupe, du bon pain, de l'excellent bœuf, et on nous servit du bon vin et des beaux fruits. Ne vous laissez pas trop aller au plaisir de dire de bons mots.

Exercice 124e.

Vous n'aurez pas de récompense. — (Gramm., n° 100.)

Cet élève n'aura pas des prix cette année, à moins qu'il ne rachette par un surcroît de travail le temps qu'il a perdu. Un roi ne devrait jamais faire de promesses légères. La chasse n'a plus des charmes pour moi. Cet usurpateur, ne trouvant plus des obstacles à ses desseins, s'empara de la couronne. Si vous étiez plus instruit, vous ne feriez point de réponses aussi sottes.

Exercice 125e.

De toutes mes sœurs, voici la plus âgée. — (Gramm., n° 101.)

De tous les animaux, les éléphants sont le plus forts, et les lions les plus courageux. Votre mère est la femme du monde la plus heureuse. Athalie est la tragédie que j'ai toujours la plus aimée. Je vous envoie les livres que je sais vous être les plus agréables. Ceux qui parlent les plus élégamment en conversation, ne sont pas toujours ceux qui écrivent les mieux.

RÉCAPITULATION sur toutes les règles de l'article.
(GRAMM., depuis le n° 97 jusqu'au n° 102.)

EXERCICE 126e.

Les père et mère de cet enfant sont originaires d'Italie. Dans un bataillon carré, le premier rang met un genou à terre, les deuxième et troisième tirent par-dessus. Les grandes et les fortes pensées viennent du cœur. La langue anglaise et allemande se ressemblent en beaucoup de points. La langue française, espagnole et italienne viennent du latin. Le lait chaud et froid conviennent également à l'estomac. Faites retirer ces femmes et enfants de dessus les murailles : l'attaque va commencer. Du temps de Philippe le Bel, il n'y avait que les ducs, comtes et barons, dont les femmes eussent le droit de se donner quatre robes par an. Nous voyons dans l'Histoire sainte que les patriarches ne murmuraient jamais contre Dieu lors même qu'ils étaient le plus éprouvés. C'est cette montre qui va la mieux ; mais c'est celle-ci qui me plaît le plus. La pieuse et l'infortunée Elisabeth, sœur de Louis XVI, suivit bientôt son frère sur l'échafaud.

EXERCICE 127e.

Pour être juste, il faut dire qu'Alexandre avait des grandes vertus et des grands vices. Le livre de Télémaque renferme des importantes leçons pour les princes. On y trouve des belles descriptions, des touchants tableaux et des peintures sublimes de la manière dont les rois sont récompensés ou punis dans l'autre vie.

En aucun lieu du monde, vous ne trouverez autant qu'à Paris des belles maisons, des magnifiques promenades et des riches équipages. La distance qui sépare l'ancien et nouveau monde est presque effacée aujourd'hui, grâces aux merveilles de la vapeur. Cicéron et Démosthène sont ceux qui ont les mieux connu les règles de l'art oratoire. Chez nous, c'est Bossuet qui a porté l'éloquence la plus loin possible. Mon ami, je vous trouve toujours avec de jeunes gens légers et frivoles qui ne savent que dire de bons mots et nullement s'occuper de choses sérieuses. Des divers bois, ceux des îles sont le plus durs. Les eaux les moins rapides sont les moins saines. Ceux qui vendent de la bonne marchandise ont toujours beaucoup d'acheteurs. Saint Louis est le roi dont la mémoire est le plus vénérée.

EXERCICE 128e.

Ceux qui accusent César d'avoir donné des feintes larmes au malheur de Pompée connaissaient mal les nobles sentiments d'un cœur aussi grand que le sien. Mon fils, ne pas faire du mal ne suffit pas, il faut encore faire du bien. On se plaint que les dames anglaises et françaises s'occupent trop de politique ; on a raison. Les hommes instruits et ignorants passent leur vie bien différemment ; ceux-ci croupissent dans l'oisiveté, ou s'abrutissent dans les plaisirs, et ceux-là trouvent dans la culture de leur esprit les jouissances le plus douces et les plus pures. Ce brasseur vend de l'excellente bière, et le boulanger son voisin fait du très bon pain. Messieurs, disait un maladroit charlatan, achetez mes remèdes ; s'ils ne vous font pas du mal, du moins ils ne vous feront pas de bien. L'empereur Auguste pardonnait à ses ennemis, lors même qu'ils s'étaient montrés les plus ingrats.

EXERCICE 129e.

Cette petite fille est la moins instruite de l'école. Les soldats gascons et picards sont d'un caractère tout différent. La réputation le mieux établie n'est pas toujours à l'abri de la langue des méchants. Ceux qui donnent des bons conseils sans les accompagner d'exemples, ressemblent à ces poteaux qui indiquent les chemins sans les parcourir. Bien des étrangers s'imaginent qu'on ne récolte que du bon vin en Bourgogne ; mais ils se trompent, car on y en récolte aussi du mauvais. La ville d'Alexandrie vit sa fameuse bibliothèque brûlée par le fanatisme des mahométans, dans un moment où la perte d'un trésor si précieux était la plus regrettable. Cet homme est un intrigant ; on le voit toujours avec de beaux esprits ou avec de grands seigneurs. On ne connaît pas des soldats plus intrépides à la guerre que les Français. Monsieur le général, je ne vous ferai pas de compliments bas et serviles ; je vous loue sincèrement de grandes qualités que vous avez montrées dans cette action, de votre sagesse et de votre humanité.

CHAPITRE II.

DU NOM.

EXERCICE 130e.

Les deux Corneille sont nés à Rouen. — (GRAMM., n° 102.)

Les deux Plines étaient de savants hommes. Les Turennes et les Condé ont illustré le règne de Louis XIV. Les Homère et les Virgiles ont porté la poésie à son plus haut point de perfection. Les Du Guesclin, les Boucicaults, les Bayards étaient la fleur de la chevalerie française. Les deux Sénèques sont nés en Espagne. Athènes a vu briller dans son sein les Sophocles et les Euripide, les Socrates et les Platons.

Exercice 131e.

Cet élève a eu trois accessits. — (Gramm., n° 103.)

Ce jeune homme s'est distingué dans tous les examen qu'il a eu à subir. Faites en sorte de reconnaître chacun vos numéro. Des alleluias éternels retentissent dans la cité sainte. Je viens d'acheter deux duos pour violon. Les zéro, quoique n'exprimant rien par eux-mêmes, ont une grande valeur joints à d'autres chiffres. Deux *Te Deum* seront chantés prochainement pour remercier Dieu des deux victoires que nos troupes ont remportées sur l'ennemi.

Exercice 132e.

Il y a en France 86 chefs-lieux de département. (Gramm., n° 105.)

Quels sont les chef-lieu des départements de la Seine et de l'Oise? Aimez-vous les chou-fleur? Voici des chou-fleur qui sentent trop fort. Servez-vous de ces appui-main ; on les a mis tout exprès pour vous soulager. Nos pères appelaient avec raison les hôpitaux des Hôtel-Dieu, c'est-à-dire des hôtels ou auberges où Dieu lui-même reçoit les pauvres.

Exercice 133e.

Bossuet n'a fait que des chefs-d'œuvre. — (Gramm., n° 106.)

Presque toutes les compositions musicales du célèbre Mozart sont des chef-d'œuvre. Mon petit ami, vous venez de faire deux beaux chef-d'œuvre : l'un d'avoir quitté l'école, et l'autre d'avoir battu votre frère. Les ciel-de-lit sont ce qui couronne le lit et supporte les rideaux. Ce Monsieur a deux charmants pied-à-terre dans mon village. Les arc-en-ciel que l'on voit dans certains pays paraissent plus beaux que ceux que l'on voit dans d'autres.

EXERCICE 134e.

Les renards aiment les basses-cours. — (GRAMM., n° 107.)

Les deux belle-mère de ces enfants sont pleines d'égards pour eux. Vos belle-sœur viendront-elles vous voir ? Ouvrez ces porte-cochère. Les basse-cour sont remplies de volailles. Les loup-garou ne font peur qu'aux femmes et aux enfants; les loup-cervier, au contraire, existent réellement; ce sont des animaux féroces, comme le lion et le tigre.

EXERCICE 135e.

L'armée a envoyé des avant-coureurs. — (GRAMM., n° 108.)

On a placé des garde-fou de chaque côté de cet escalier. Nous avons demandé des passe-port pour aller en Italie et en Allemagne. Les serruriers ont des passe-partout qui ouvrent toutes les portes. Cette plante est un des contre-poison les plus efficaces. Les oiseaux donnent souvent des signes avant-coureur de la tempête. Puisque vous allez à la ville, vous m'achèterez six essuie-main, deux tire-ligne pour joindre à mes compas, et deux porte-manteau.

EXERCICE 136e.

Noms dont le genre offre quelque difficulté. —(GRAMM., n° 109.)

Les légumes qui viennent dans ce jardin sont excellentes. Je viens de faire don à l'église de ma paroisse d'une autel tout en marbre. Le maître de cette hôtel a commandé qu'on nous servît un dinde. Je rencontre votre petite fille : « Mon cher enfant, lui dis-je, où est votre père? Achetez-moi un couple de pigeons. Apportez-moi mon petit écritoire. Vous avez donné là une bel exemple à vos condisciples ! Oh ! quelle éclair ! elle m'a fait peur.

RÉCAPITULATION sur toutes les règles du nom. — (GRAMM., depuis le n° 102 jusqu'au n° 110.)

EXERCICE 137*.

Les deux Corneilles s'aimaient tendrement; ils étaient frères, et étaient d'habiles poètes. En aucune ville, vous ne trouverez d'aussi beaux monuments et n'entendrez d'aussi beaux orgues. Il y a aussi de belles hôtels. Le même roi qui sut employer les Condé, les Turennes et les Catinats dans ses armées, les Colberts et les Louvois dans son cabinet, choisit les Racines et les Boileaus pour écrire son histoire, les Bossuets et les Fénélons pour instruire ses enfants; les Fléchiers et les Massillons pour l'instruire lui-même. Qui n'admirerait, à Versailles, tant de magnifiques jet d'eau? Madame, vendez-vous des porte-crayon? vendez-vous aussi des porte-feuille? Les philosophes du 18ᵉ siècle ont été les funestes avant-coureur de la révolution française. Ce jeune peintre a fait des étonnants progrès dans son art depuis l'année dernière. En temps de guerre, les sauvages de l'Amérique sont armés de casse-tête. Les anciens hymnes de l'église ont le mérite de la simplicité. Quel hymne chantera-t-on aujourd'hui?

EXERCICE 138*.

Quand vous voudrez voyager, n'oubliez ni vos passe-port ni vos porte-feuille. Il y avait devant l'autel deux prie-Dieu. Messieurs, avez-vous vos port-d'armes? Les chauve-souris et les cerf-volant sont poursuivis par les enfants. A peine avions-nous reçu des ordres, que des contre-ordre nous vinrent. Jean, apportez-nous des essuie-main et des serre-tête; suspendez-les à ces porte-manteau. Cette horloge va trop vite; il avance au moins d'un quart d'heure. La grande autel de cette église est en marbre blanc de Paros. Une incendie affreux a détruit la ville de Salins en 1825. Vous dites que ce tableau vaut cinquante francs; moi, je n'en donnerais pas même une centime, tant il est mal fait. La plus belle hôtel de Dijon est celle *du Parc*, et la plus fréquentée est celle *de la Cloche*. Mon fils, lisez souvent la sainte Evangile. A mon avis, l'hymne de l'Assomption de la Ste Vierge est peut-être le plus beau de tous les hymnes de l'Eglise. Les vêpres sont-ils sonnés? Non, mais ils sonnent. La rave est une légume saine, mais peu nourrissante. Mon cher enfant, disait une mère à sa fille, sans toi il ne serait point de bonheur pour moi sur la terre. La belle orgue de St-Eustache a été détruite par les flammes. Les premiers orgues ont une origine fort ancienne.

EXERCICE 139e.

Les deux Scipions furent défaits et tués par Annibal, au passage duquel ils voulaient s'opposer. Croyez-vous que les Sophocles et les Euripide se rencontrent chez toutes les nations? Je crois, au contraire, qu'ils sont très rares. Combien avez-vous eu de prix? Deux et cinq accessit. Combien vous ai-je donné d'alinéa pour devoir dans ce livre? Tout le chapitre et deux alinéas. J'ai toujours admiré le génie, le courage et la grandeur d'ame des Guises. Les malheurs des Stuart sont célèbres dans l'histoire. Cet homme ne sait dire que des *oui* ou des *non*. Il y a dans cette bibliothèque un assez grand nombre d'in-folio et beaucoup d'in-quarto. Croyez-vous que si quelque révolution éclatait, il ne se trouverait pas encore aujourd'hui des Robespierres et des Marat? Les matelots, voyant la tempête augmenter, se mirent à genoux et récitèrent dévotement cinq *Pater* et cinq *Aves* La France a eu ses Euripide et ses Sophocles. Sous l'empereur Napoléon, que de Turenne et de Condé n'avons-nous pas vus surgir tout à coup et se distinguer à la tête de nos armées! Que de *Te Deum* n'avons-nous pas chantés! N'ajoutez pas foi à ces nouvelles : ce sont des *on-dit*.

Exercice 140e.

Les oiseaux-mouche sont les bijoux de la nature. Connaissez-vous les reine-marguerite? Ce sont des fleurs charmantes. Les *oui* et les *non* tout courts sont impolis; il faut dire: oui, Monsieur; non, Monsieur. Mettez deux prie-Dieu, l'un pour Monseigneur l'Evêque et l'autre pour le prince. Il faut avoir de bons tire-bouchon pour déboucher le bon vin. On trouve des chats-huant en grand nombre dans cette forêt. Les harangues de Démosthènes sont des chef-d'œuvre de l'éloquence. Croiriez-vous qu'en allant à la chasse, nous rencontrons deux garde-chasse de Fontainebleau? Messieurs, nous disent-ils, avez-vous vos port-d'arme? et tout de suite ils nous dressent procès-verbal, en sorte que nous avons en ce moment trois procès-verbal.

Exercice 141e.

Voulez-vous être bien servi par vos valets? Donnez-leur souvent des pour-boire. Prenez ces billets de banque, Messieurs, et mettez-les dans vos porte-feuille. L'amiral et les contre-amiral se sont réunis en conseil. Voyez-vous cette mère agenouillée devant la grande autel? elle prie pour sa petite fille malade; ce cher enfant fait tout son bonheur. Aussi, entendez-la: Mon Dieu, dit-elle, mon Dieu, sauvez ce pauvre enfant. Avez-vous vu le joli petit écritoire que j'ai gagné à la loterie? il est tout en argent. La cathédrale de Strasbourg a un magnifique horloge, lequel marque les heures, les jours, les mois, etc. On dit que vous avez gagné à la loterie deux beaux chandeliers et une paire de magnifiques porte-mouchette. Les vice-royauté de Naples et de Catalogne furent successivement confiées à plusieurs vice-roi, sans que pour cela les troubles pussent être apaisés. Les premiers orgues qu'on entendit en France avaient été donnés à Pépin-le-Bref par l'empereur Constantin Copronyme. On nous a servi un dinde pour notre déjeûner. Les quatuor d'Haydn sont majestueux. Les opéras sont des pièces de théâtre où le chant est joint aux paroles. Achetez ce recueil de duos et de trio pour violon.

EXERCICE 142°.

Judas Machabée était une foudre de guerre. Quelle foudre d'éloquence que Bossuet dans ses oraisons funèbres! Les plus belles hymnes des païens en l'honneur de leurs faux dieux sont ceux de Pindare et d'Horace. Il y a dans la sainte Evangile quelque chose qui est encore plus étonnant que son élévation : c'est sa simplicité. L'étude de la sagesse fait touts mes délices. Nos soldats vainqueurs entraient dans les capitales de l'Europe, aigles déployés, et en chantant des hymnes guerrières. J'ai été à Notre-Dame entendre les vêpres; ils ont été fort longs à cause de la solennité. Les vrais gens de lettres n'ambitionnent ni les honneurs ni les richesses. Quelque chose que nous disions dans un moment d'emportement, il est bien rare qu'il ne nous cause pas de regrets. Dans les pays chauds, on élève les vers à soie en plein air, sur les mûriers. Que de gens spirituels dans la société se font connaître pour des sots après plusieurs tête-à-tête! Les gens méchants sont hardies; les honnêtes gens, au contraire, sont calmes, modestes, souvent même trop craintives. Touts les vieilles gens sont soupçonneux. Tous les gens d'affaires doivent être actifs et vigilants. Quels délices peut-on comparer à ceux que procure une bonne action!

EXERCICE 143e.

Ce furent les vices et les flatteries des Grecs et des Asiatiques esclaves à Rome qui y formèrent les Catilinas, les César, les Nérons. Un couple de moutons qu'ils faisaient rôtir eux-mêmes composaient les festins des héros d'Homère. Quelle couple que Philémon et Baucis! Les porte-étendard de ces régiments mériteraient d'être décorés; ils se sont conduits admirablement dans la dernière bataille. Les gens trop riches et les gens trop pauvres sont également malheureuses : les uns par le souci de leurs richesses, les autres par les misères d'une pauvreté extrême. Les contre-poison les plus efficaces ne pouvaient plus rien sur Mithridate, parce qu'il s'était habitué dès sa jeunesse à prendre du poison tous les jours. Est-il vrai que votre frère excelle à faire des bout-rimé et même des pièces de vers assez longues? Lorsqu'Auguste eut conquis l'Egypte, il apporta à Rome toutes les richesses des Ptolémées. Les post-scriptum sont malhonnêtes dans une lettre à un supérieur, parce qu'ils accusent la négligence. Les *qui* et les *que*, lorsqu'ils sont trop multipliés dans une phrase, donnent au style quelque chose de dur et d'embarrassé. Des hymnes nationaux remplaçaient pendant la Révolution ces hymnes si touchantes et si pieuses que les populations se plaisaient à répéter dans leurs églises. N'oubliez jamais, mon fils, les grands exemples de piété qui vous ont été donnés par vos ancêtres, et faites-vous un devoir de les suivre, quelque chose que puissent dire contre vous les gens pervers et impies.

CHAPITRE III

DE L'ADJECTIF.

EXERCICE 144e.

Dieu saint (1). — (GRAMM., n° 110.)

La lionne cruel. La maison neuf. Les mœurs purs des Chrétiens. La France est sortie victorieux de la guerre de cent ans. On a rarement vu de reine plus gracieux, plus adroite et plus pieux en même temps que Blanche de Castille, mère de S. Louis J'imagine que la ville de Tyr n'était ni aussi peuplé ni aussi commerçant que la ville de Londres. Les sauvages de l'Amérique vont nus-pieds et nu-tête, et pourtant ils sont moins souvent malade que nous. Toute nu qu'est la nature en hiver, elle a cependant ses charmes. Avez-vous entendu cette nuit l'orage effrayante qui s'est fait? il a tonné pendant deux heures et demi ; mais il n'a plu que pendant une demi-heure. Gardez-vous d'aller la tête nu par un si grand soleil.

EXERCICE 145e.

Le père et le fils bons — (GRAMM., n° 111.)

Le bien et le mal sont opposé. Le bœuf et le cheval utile à l'homme. Le meunier et son fils ignorant et rustre. La Belgique et la France, voisin et amie. La ville de Rome et de Carthage rival. L'histoire et la géographie nécessaire au voyageur. L'armée ennemi et la nôtre étaient également pleine de respect et d'admiration pour Turenne. Nos troupes ont

(1) Voyez, pour d'autres exercices sur l'adjectif, les exercices déjà donnés *page* 18.

montré en Algérie une bravoure, une valeur supérieur à tout ce qu'on peut dire. On voyait le sommet de la montagne, ainsi que la plaine, couvert de nos bataillons aux armes étincelantes.

EXERCICE 146e.

La mère et le père bons. — (GRAMM., n° 112.)

Le coton et la laine fin. Le loup et la louve méchant. Marie et Joseph agréable à Dieu. Le frère et la sœur habile dans la musique. Adam et Eve innocent et heureux. La reine et le roi parurent content de l'accueil qui leur fut fait. La mère et le fils étaient également triste et silencieux.

EXERCICE 147e

Les hommes sourds-muets lisent et écrivent. — (GRAMM., n° 113.)

Deux hommes aveugle-né sont venus ce matin demander l'aumône. La loi de Dieu ordonnait que tous les premier-né fussent consacrés au Seigneur. Vos lettres sont maintenant bien clair-semé. Légère et court-vêtu, elle allait à grands pas. Prenez des lunettes bleu-clair. On peut dire qu'à part l'Europe et l'Amérique, tous les autres peuples du monde sont demi-barbare.

EXERCICE 148e.

Souvent les mensonges coûtent cher. — (GRAMM., n° 114.)

Les Italiens parlent vites et avec beaucoup de feu. Cette viande sent fort. Les bonnes et belles choses se vendent toujours fort chère. Les compositions musicales dont vous me parlez coûtent trop chères pour que je puisse me les procurer. De peur d'être entendues de leur gardien, les malheureuses victimes parlaient bas.

EXERCICE 149e.

Cet élève n'a pas encore ses quinze ans. — (GRAMM., n° 115.)

J'ai vu dans une ménagerie un rhinocéros qui pesait trois milles kilogrammes. Cet énorme animal mangeait en un seul jour trois cent livres de nourriture. Il était estimé cents quarante milles francs Ma bonne femme, combien avez-vous de cents d'œufs dans votre panier? C'est de l'année mille huit cents vingt-huit que date l'invention des chemins de fer. Voyez-vous ce tableau? il me coûte cent quatre-vingt francs, et celui-ci ne m'en coûte que quatre-vingts-dix.

EXERCICE 150e.

J'ai mal à la tête. — Paris est beau, j'en admire les bâtiments. — (GRAMM., nos 116 et 117.)

Le jeune prince, en montant à cheval, se fit une blessure à sa jambe. Avez-vous toujours mal à votre tête? J'avais mon rhumatisme depuis deux ans quand vous me l'avez guéri. Cultivez les belles-lettres, leurs avantages sont immenses. Vous viendriez plus souvent à la campagne, si vous saviez combien son séjour est agréable et combien il est utile à la santé du corps et au repos de l'esprit. Voilà une maison qui me plaît assez; son architecture me paraît de bon goût.

EXERCICE 151e.

Ces maîtres aiment leurs élèves. — (GRAMM., n° 118.)

Quel hommes que les martyrs! Je loue leurs grandeurs d'ame, j'envie leurs sort. On admire chez les Athéniens leurs courages, leurs magnificences, leurs politesses, leurs bonnes manières; mais on blâme leurs légèretés, leurs luxes, leurs oisivetés, leurs dissensions perpétuelles. A l'arrivée de Darius, les Scythes se retirèrent dans l'intérieur des terres avec leurs femmes et leurs troupeaux. Dieu envoie des fléaux aux hommes pour les punir de leurs crime.

EXERCICE 152e.

Aucun peuple n'est poli comme les Français. — (GRAMM., n° 119.)

Cet historien parcourt la suite des âges sans entrer dans aucuns détails. Aucune funéraille ne put être faite aux morts. Je regarde vos promesses comme nul. Nuls mortels ne peuvent se flatter d'être toujours heureux. Comme vous n'avez donné jusqu'ici aucunes marques de dévouement à votre maître, il n'est pas étonnant qu'il se refuse à vous donner aucuns gages jusqu'à ce qu'il ait éprouvé plus longtemps vos sentiments à son égard.

EXERCICE 153e.

Ces deux frères ont les mêmes habitudes. — (GRAMM., n° 120.)

Mon frère et moi, nous avons étudié les même sciences, embrassé la même carrière, couru les même dangers. Les héros d'Homère faisaient rôtir eux-même leur viande. Les ennemis même de S. Louis l'estimaient. Ces peuplades indiennes nous ont bien reçus ; elles nous ont même offert des présents. Tous les hommes, les rois même sont sujets à la mort. Les animaux, les plantes même étaient honorés comme des dieux par les Egyptiens.

EXERCICE 154e.

Quelques services que vous rendiez. — (GRAMM., n° 121.)

Quelque soldats ont été blessés. Quelques pures que soient leurs intentions, quelles que lumières qu'ils aient acquises, quelque soit leur expérience, les hommes peuvent se laisser égarer. Fuyez la société des hommes pervers, quelqu'ils soient. Quelque philosophes enseignaient que la douleur, quelle qu'elle soit, n'est pas un mal. Quels que fatigués que nous fussions, il fallut nous mettre en marche.

Exercice 155e.

Tous les hommes sont pécheurs. — (Gramm., n° 122.)

Tout vos amis vous félicitent. Vos cousins viennent d'arriver tout haletant, tout en sueur. Toute nombreuses, toute étonnantes qu'étaient les qualités d'Alexandre, on doit blâmer sa témérité. Voyez comme la nature tout entière ressuscite au printemps. Tout imparfaits et touts légers que sont les enfants, ils ont cependant des qualités que Notre-Seigneur Jésus-Christ lui-même n'a pas dédaigné de nous recommander, la candeur et la simplicité.

RÉCAPITULATION sur toutes les règles de l'adjectif. (Gramm., depuis le n° 110 jusqu'au n° 125.)

Exercice 156e.

La peuplade belliqueux. L'histoire ancien. Les chaleurs excessif de l'été. La voix charmantes du jeune enfant. La justice exact des magistrats. Les œuvres merveilleux de Notre-Seigneur J.-C. Les pays du midi sont fertile en oliviers et en orangers. Les climats tempéré ne produisent que des choses tempéré; les herbes les plus douce, les légumes les plus saines, les fruits les plus suave, les animaux les plus tranquille, les hommes les plus poli sont l'apanage de ces heureux climats. Les Iroquois étaient plus cruel et plus féroce que les Hurons. Les jardins suspendus de Babylone sont célèbre: ses murailles si haute et si épais ne le sont pas moins. Les rives fleuri de la Seine. Les maisons neuf de la ville. L'automne pluvieux. Les éclairs soudain et multiplié qui sillonnent les nues. Des sentinelles peu vigilants et presque endormi. Les haut peupliers et les hêtres touffu.

EXERCICE 157°.

Les Romains ont été quelquefois plus féroce que les nations qu'ils appelaient barbare. Nos troupes, au nombre de dix milles hommes, viennent de mettre en fuite une armée qui en comptait, dit-on, vingt-trois mille. Plus de quatre cent morts sont restés sur le champ de bataille, du côté des ennemis; les nôtres n'ont eu que deux cent blessés et quatre-vingt-dix tués. Tout les oiseaux ont deux ailes, à l'aide desquelles tout, à l'exception de l'autruche, peuvent voler. Nous retombons tout les jours dans les même défauts. Les arbres, avec leur fleur et leur fruit, sont la parure de la terre. Les montagnards, qui ont en toutes saisons les jambes nu, marchent rarement nu-tête. Les Vénitiens, avec leur flotte nombreuse, étaient les souverains des mers au moyen âge. Honorez les saints; imitez leur vertus. Toute impossible que paraissait la chose, Alexandre voulut l'entreprendre. La ville tout entière se mit sous les armes.

EXERCICE 158°.

On compte en France quatre cent villes, quarante-trois mille bourgs et villages, et quatre mille trois cent quatre-vingt rivières. Basile et Grégoire, frère, étaient savant et pieux. Jean et Mathieu, apôtre de Jésus-Christ, écrivirent tous les deux la vie de leurs maître. La mer est l'image des grandes ames; quelque agitées qu'elles paraissent, le fond est toujours calme. Quelqu'en soit la cause, la guerre est toujours un malheur. Quelque grandes vertus que vous ayez, quelque soit votre bienveillance pour tout le monde, vous n'échapperez point aux traits de l'envie. Je vous paierai dans quelque jours. Les meilleurs terres, lorsqu'elles ne sont pas cultivées, demeurent stériles;

il en est de même de l'intelligence de l'homme. Dans les années même les plus favorables, ce pays ne peut nourrir ses habitants.

Exercice 159e.

Octavie, sœur d'Auguste, fit donner dix milles sesterces à Virgile pour les beaux vers où il déplorait la mort du jeune Marcellus, son fils. L'an mille huit cents onze est remarquable par la comète qui parut alors. Le père et la mère de Tobie étaient fort inquiet. Ce vieillard a déjà quatre-vingt ans ; son père en avait quatre-vingt onze quand il est mort. Vos sœurs paraissaient tout heureuses de vous revoir. Les anciens nous ont laissé dans leur livre de sage préceptes à étudier. Ne fréquentez pas les impies : vous avez tout à craindre de leur discours, de leur exemples, de leur amitié même. Mon médecin vient me voir tout les jours. David et Jonathas étaient étroitement uni. Nos amis ont chargé cet avocat de plaider leurs cause. Quelles que bonnes que soient vos intentions, il faut y joindre les œuvres. L'Evangile condamne une vie mol, oisif et délicate. Esther et Mardochée étaient plein de confiance au Seigneur. En obéissant à leur passion, les hommes se donnent des maîtres difficile à contenter. Les tortues pondent jusqu'à cents œufs, semblable à ceux des oiseaux.

Exercice 160e.

En temps de guerre, le capitaine et le soldat doivent être également brave, également endurci au froid et à la fatigue. Le dessin et la peinture amusants pour les jeunes gens. L'Europe et l'Amérique distant l'une de l'autre de plus de quinze cent lieues. L'eau et le feu sont très utile, mais aussi très dangereux : l'une cause des inondations désastreux, et l'autre d'effrayant incendies. Louis XVI et son épouse, captif dans la tour du Temple. Le fils et la fille reconnaissant préviennent les désirs de leur parents. La feu reine était extrêmement charitable, et feu votre tante ne l'était pas moins. Donnez à ce cheval une demie-botte de foin et trois litres et demi d'avoine. Dans nos différent voyages, nous avons pu contempler les scènes ravissant d'une nature toujours grandiose et féconde. Nous avons remonté le cours de ce fleuve pendant plus de quatre-vingt jours, et nous sommes persuadés que pendant tout ce temps nous n'avons pas fait plus de sept cent lieues, tant le courant est rapide et tant les écueils semés çà et là sont difficile à éviter.

Exercice 161e.

Calypso trouvait une noblesse, une grandeur d'ame étonnantes dans ce jeune homme qui s'accusait lui-même. Nos troupes ont montré en Algérie une bravoure, une valeur supérieures à tout ce qu'on peut dire. Vos paroles sont empreintes d'une prudence et d'une sagacité admirable. Mon jeune frère a montré dans sa maladie une patience, une résignation digne de tout éloge. Pour être ambassadeur chez les Turcs, il fallait autrefois un dévouement ou une audace rares. Ce peuple cruel avait une haine, une aversion souveraines pour tout ce qui portait le titre de chrétien. La vie ou la liberté de l'ambassadeur était souvent exposée. Avez-vous jamais visité à Paris l'école des sourd-muet, ou celle des aveugle-né? Voilà des roses fraîche-cueillies qui sentent extrêmement bonnes. Les étoffes bleu-foncées me plaisent généralement : seulement elles coûtent trop cher.

Exercice 162e.

Un Gascon disait à quelqu'un : Prêtez-moi trois pistoles. — Cela est impossible, car je ne possède qu'une demie-pistole. — Prêtez-la-moi toujours, et vous me devrez deux pistoles et demies. Des domestiques zélés sont chers à leurs maîtres, et on ne saurait les payer trop chers. Les Samoïèdes ne se nourrissent que de viande ou de poisson cru. A peine sommes-nous né; que les maux et la douleur s'emparent de nous. La petite fille dont vous parlez n'est pas aveugle-né, mais sourd-muet. Le peuple a toujours les yeux et les oreilles ouvert pour découvrir les défauts des grands. Parce que nous sommes accoutumé aux beautés de la nature, souvent elles ne font plus d'impression sur nous. A peine étaient-ils malade hier, et nous les avons trouvés mort ce matin. Voilà des charmante tapisseries. Les singes font des gestes et des grimaces extravagant. Un manteau et un habit neuf vous seraient bien nécessaire. Le roi et le berger sont égals après la mort. La possession des faux biens du monde ne peut procurer qu'une fausse et une trompeur félicité.

Exercice 163e.

Chez les Spartiates, on montrait aux enfants des hommes ivre-mort, afin que la vue d'un état aussi contraire à la dignité de l'homme leur inspirât une horreur souverain pour le vice de l'ivrognerie. Le maréchal de Luxembourg avait un courage et une habileté étonnant. Quand j'eus fini ma courte harangue, tous se mirent à me regarder, les yeux et la bouche ouvert. Il y a dans les fables de La Fontaine un naturel et une bonhomie inimitable. Dans la Laponie, la ronce, le genièvre et la mousse font seul la verdure de l'été. Les Ecossais sont habitués à aller nus-jambe. Le cygne a le vol, comme la marche, très lents. Le paon a le bec, ainsi que les pieds, noirs. Heureux les hommes, si toute leurs vies pouvait être une prière, une oraison continuel! Les Chinois sont depuis longtemps une nation demie-barbare. L'Islande et l'Irlande sont des îles différente. Le linot et la linotte léger. Le raisin et la cerise délicieux. La France et le Portugal éloigné. La pie et le corbeau trompeur. L'Alsace et la Flandre sont fertile et bien peuplée. Les orangs-outangs sont de grand singes qui marchent droit comme l'homme. La rose, la violette et l'œillet sont préféré à toute les fleurs. Les paroles aigre-douce dénotent ordinairement un amour-propre blessé. Diogène marchait nus-pied et couchait dans un tonneau. Cette horloge sonne-t-elle les demie? Voyez cet enfant avec ses gros yeux bleus-clairs, sa figure épanoui, son teint fleuri, comme il a l'air heureux.

Exercice 164e.

Le premier voyage autour du monde a été fait par François Drach en l'an mille cinq cents quatre-vingt. L'année dernière, William et moi, nous fîmes en deux jours plus de deux cents quarante milles d'Angleterre, ce qui fait à peu près quatre-vingt lieues de France. Ce bruit de voix discordante et criarde m'a fait mal à ma tête. Examinez cette pièce de vers : ses défauts sont grand. Cette maison est bien située, mais ses proportions sont mal prises. Voilà des arbres magnifiques, leurs fruits ne sont pas moins beaux. Le palais du Louvre est ancien, j'en admire la richesse de l'architecture. Les nègres sont grands et robuste : leur cheveux sont crépus, leur figure noire contraste singulièrement avec la blancheur de leur dent. Les Romains étaient des fier conquérants : leurs valeurs, leurs modérations dans la bonne fortune, leurs fermetés dans les revers, leurs admirables disciplines, leurs sang-froid et leur adresse ont été la cause de leurs succès et de leur conquête multipliée.

Exercice 165°.

Quelques savants qu'étaient les Grecs, ils ignoraient cependant bien des choses que les peuples moderne ont découvertes. Homère vivait l'an huit cent avant J.-C. On admire en Chine une tour de porcelaine haute de deux cents quatre-vingts pieds, et au sommet de laquelle on arrive par un escalier qui a quatre cent marches. Paris est à environ trois cents trente lieues de Rome, deux cents quatre-vingt de Vienne, et cent neuf d'Amsterdam. Tout instruits qu'ils sont, ces deux littérateurs n'ont pas été reçus à l'Académie. Tout les hommes sont enclins au mal. Aimez même vos ennemis, nous dit l'Evangile. Tout affreuses, toute horribles, toutes révoltantes que furent les cruautés de Tibère, elles n'égalèrent point celles de Néron. Pourquoi retombez-vous toujours dans les même alarmes? Les gens trompeuses sont très souvent trompés eux-même.

Exercice 166°.

On peut dire que les gens d'esprit, quels que pauvre qu'ils soient, sont toujours riche. Messieurs, les chevaux sont tout prêts : voulez-vous monter en voiture? La vérité, quelqu'elle soit, devrait toujours plaire aux hommes. Les menaces, les supplices mêmes n'abattirent point la fermeté d'Eléazar. Thibaut, comte de Champagne, fut secouru par les communes, parce qu'il fut favorable et bon pour les bourgeois. Louis XI se montrait cruel et redoutable aux seigneurs, tandis qu'il s'efforçait d'être agréable et chéri des peuples. Quelques emplois que vous ayez occupés, quelque superbes distinctions que vous ayez obtenues, quelques soient même les vertus et les talents dont le ciel vous ait orné, ne vous glorifiez jamais. La cour de Louis XIV était brillante ; les étrangers mêmes admiraient sa magnificence. Le médecin me panse ma jambe tous les deux jours. Les solitaires passaient leurs vies à travailler des mains et à louer Dieu. Bayard était inaccessible et incapable de crainte. Comment résister à la louange, si propre et si capable d'enivrer les cœurs ? Lisez cette histoire, ses détails sont curieux.

Exercice 167e.

Les deux heures et demi pendant lesquelles a duré l'orage, ont suffi pour occasionner des pertes considérable dans plus de vingts villages voisin. L'empereur Tite mourut environ l'an quatre-vingt de Jésus-Christ. La ville de Lyon est éloignée de la ville de Saint-Pétersbourg d'environ cinq cent lieues. Le Temple de Jérusalem fut achevé l'an du monde trois mil, et l'an onze du règne de Salomon. Quelsques historiens pensent qu'Alexandre a été empoisonné. L'homme qui est gouverné par ses passions est comme un aveugle qui a toujours un bandeau sur ses yeux. Quelle que diligence que fit Epaminondas pour surprendre Sparte, il ne put arriver à temps. L'histoire de Charles XII, roi de Suède, est tout remplie de faits merveilleux ; elle a été tout embellie par l'auteur. Ce tilleul a été planté il y a plus de quatre-vingt ans. Quelques hommes vivent encore aujourd'hui jusqu'à cent vingt ans, mais ils sont extrêmement rare.

Exercice 168e.

La boussole fut connue en France vers l'an douze cents. Toute héroïque que fut Jeanne d'Arc, toute courageuse qu'elle fut, tout attachée qu'elle se montra à la religion de ses pères, elle fut traitée de sorcière et d'hérétique par les Anglais, et, comme tel, brûlée en public à Rouen. Cette fille extraordinaire inspirait du courage aux soldats : les capitaines même la consultaient et la regardaient comme envoyée de Dieu pour sauver la France. Qui n'admirerait Léonidas et ses trois cent Spartiates? Leurs courageuse résolution, leurs gaietés pendant qu'ils se préparaient au combat, leurs morts glorieuses au milieu des Perses mille fois plus nombreux qu'eux, font voir que c'étaient autant de héros. Adraste menait autour de lui trente Dauniens, d'une force ou d'une audace extraordinaire. Néron était aussi odieux que cruel envers les sénateurs et les simples citoyens. Les quinzième et seizième siècle ont été marqués par des grandes découvertes. Les nobles et les généreux sentiments conviennent à un jeune homme bien élevé. La révolution française commença assez bien; mais ses suites furent fâcheuses. Mon fils, pratiquez la vertu ; ses charmes sont admirables. Quelques ingrats que soient la plupart des hommes, il ne faut pas laisser de les secourir dans tous leurs besoins quelqu'ils soient. Un auteur a dit avec raison : Quelque vains lauriers que promette la guerre, on peut être héros sans ravager la terre.

CHAPITRE IV.

DU PRONOM.

EXERCICE 169e (1).

Pratiquez la vertu : elle rend heureux. — (GRAMM., n° 125.)

Les bords de la Loire sont agréables; il charment les yeux des voyageurs. Ma mère reviendra bientôt de

---

(1) Voyez pour d'autres exercices sur le pronom, les exercices déjà donnés page 27.

Vichy; elles passera par Autun, et elle viendra me voir. Les études auquel vous vous livrez sont pénibles dans le commencement; mais elle sont bien douces dans la suite. Ces livres sont-ils les vôtre? Vos devoirs s'avancent-il? Votre jeune frère a-t-il terminé les sien? Les élèves auquel j'en ai donné de semblable m'ont déjà rapporté les leur. César avait un courage, une intrépidité auxquelles rien ne pouvait résister.

Exercice 170e.

Je sais demander un conseil et le suivre. — (Gramm., n° 126.)

L'empereur Théodose, ayant ordonné le massacre des habitants de Thessalonique, parce qu'ils avaient traîné ses statues dans la boue, fut mis en pénitence publique par S. Ambroise, et elle dura jusqu'à ce qu'il se fût humilié devant Dieu et devant les hommes. Dès demain, nous nous mettrons en mer, si elle est bonne. Faites réponse pour moi à cette lettre, et qu'elle soit courte.

Exercice 171e.

Virgile, dans ce qu'il a de beau, a imité Homère. — (Gramm., n° 127.)

Alexandre est comparable à César, dans ce qu'il a fait de plus beau. L'empereur Napoléon a souvent imité Charlemagne dans ce qu'il a fait pour la splendeur et l'ornement de son trône. On n'estime guère que les qualités qu'on admire en nous. Hypéride a imité Démosthènes dans les endroits où il s'est montré le plus éloquent.

EXERCICE 172e.

Mon fils, vous serez estimé, si vous êtes sage. — On ne doit jamais parler de soi. — (GRAMM., nos 128 et 129.)

Mon ami, vous serez ignorants toute votre vie, si vous n'êtes pas fermement décidés à étudier maintenant de toutes vos forces. Ne rendre service à personne et ne songer qu'à lui, c'est le propre d'un méchant citoyen. Nous soussignés, préfet de la Côte-d'Or, accordons la grâce demandée ci-dessus. Personne ne doit dire d'autrui ce qu'il n'aimerait pas à entendre dire de lui.

EXERCICE 173e.

Je lui donnerai un livre. — Ma sœur, êtes-vous malade? Oui, je le suis. — (GRAMM., nos 130 et 131.)

Vos chevaux sont trop vieux, n'attendez plus d'eux aucun service. Que le sort nous traite de quelque manière que ce soit, nous nous plaignons toujours de lui. Madame, êtes-vous la mère de cet enfant? Oui, je la suis. Messieurs, êtes-vous les propriétaires de cette usine? Oui, nous le sommes. Ce cheval n'est pas fougueux : vous pouvez vous approcher de lui. Sont-ce là les soieries que je vous ai demandées? Oui, ce sont elles. Cet homme qui vous accompagne, est-ce l'ouvrier dont vous m'avez parlé? Oui, ce l'est.

EXERCICE 174e.

Votre maison est plus belle que la nôtre. — Je préfère celui-ci et vous celui-là. — (GRAMM., nos 132 et 133.)

Monsieur, la vôtre en réponse à la mienne du dix de ce mois, me fait voir que vous n'avez pas bien compris mes explications. Auguste était bon, Néron était cruel : celui-ci était aimé des Romains, et celui-là en était exécré. D'après ce que vous m'écrivez, je crains que vous n'ayez pas reçu la mienne, qui vous donnait tous les détails que vous me demandez. Ce qui m'étonne le plus, est l'extrême indulgence de vos parents dans une affaire où il y va du bonheur de votre avenir : en effet, ne pas corriger les enfants de leurs défauts, est leur préparer pour plus tard bien des peines et des contradictions qu'ils n'auraient pas eues sans cela.

EXERCICE 175e.

Mettez ces livres chacun à sa place. — (GRAMM., n° 134.)

Les deux vaisseaux qu'on vient de lancer à la mer coûtent six cent mille francs chaque. Les régiments défilèrent devant le prince, chacun avec son drapeau. Ces oiseaux ont pondu six œufs chaque. Ces pauvres ont reçu cinq francs chaque. Comme les orateurs donnaient chacun son avis, Démosthènes se leva tout à coup et dit : Il faut que les Athéniens sortent enfin de leur torpeur, qu'ils équipent une flotte, et que leurs alliés fournissent chacun son contingent d'hommes et d'argent.

EXERCICE 176e.

A la mort on est égaux. — L'un et l'autre furent de grands généraux — (GRAMM., nos 135 et 136.)

En France et en Angleterre, on est égal devant la loi. O ma fille, quand on est malheureux comme tu l'es, la vie ne doit laisser aucun regret Bossuet et Fénélon s'estimaient l'un et l'autre ; l'un l'autre étaient des savants hommes et des vertueux prélats. Ma chère enfant, écrivait Madame de S.... à sa fille, on est malheureux quand on n'a qu'une fille chérie et qu'on vit éloigné d'elle. L'un et l'autre de ces officiers se sont conduits avec témérité ; je les blâme l'un l'autre.

EXERCICE 177e.

Moi qui ai vu, toi qui as vu. — (GRAMM., n° 157.)

C'est moi qui a tracé les allées de ce jardin, et c'est nous deux, si vous vous en souvenez, qui ont planté ces arbres aujourd'hui si beaux. Il n'y a que moi qui s'occupe de cultiver ces plate-bande. Est-ce vous qui a parlé ainsi? C'est moi qui a reçu votre première visite. Il y a un air d'affectation dans cet auteur qui gâte ses ouvrages. C'est vos équipages qui embarrasse la route. Ce ne sont pas nous qui blâmeront les hommes de bien. Est-ce vous qui s'occupe de peindre ces appartements ? C'est moi qui vous prévient qu'il y a du danger à prendre des bains de rivière dans cette saison. Parménion et moi nous étions les deux qui voulaient détourner Alexandre de pousser plus loin ses conquêtes. La mère de mon ami de qui j'attends une lettre doit venir ici.

EXERCICE 178e.

Les sciences auxquelles je m'applique. — (GRAMM., n° 138.)

Prenez garde ; le cheval sur qui vous êtes monté est fougueux. La chose à qui l'avare pense le moins, c'est à secourir les malheureux. Les Lapons danois sont encore idolâtres ; ils ont, dit-on, un gros chat noir à qui ils confient tous leurs secrets, et qu'ils consultent dans leurs affaires. Les personnes à qui vous avez parlé, n'ont pas été discrètes. Le siège sur qui j'étais appuyé vint à se briser tout d'un coup. La famille d'où sort l'illustre général remonte jusqu'aux Croisades. C'est un fléau qu'on a cru qu'on ne pourrait éviter.

RÉCAPITULATION sur toutes les règles du pronom.
(Gramm., depuis le n° 125 jusqu'au n° 139.)

Exercice 179e.

Il y avait dans Démosthènes une *force*, une conviction auxquelles les Athéniens ne pouvaient résister. Rendez justice aux qualités des autres, si vous voulez qu'on la rende aux vôtres. Les vierges folles allèrent acheter de l'huile; ensuite elle revinrent assister aux noces; mais la porte fut fermée. Les troupes anglaises contre lesquel les nôtre eurent à combattre, prirent d'abord la fuite; mais bientôt elles revinrent à la charge. Boileau a imité Horace dans ce qu'il a de plus beau. Il ne suffit pas d'avoir raison ; c'est la déshonorer que de la soutenir d'une manière brusque et hautaine. Il y a dans ce jeune avocat une science, une modestie à laquelle tout le monde donne des éloges. François Ier érigea Vendôme en duché-pairie, en faveur de Charles de Bourbon ; il le mena ensuite en Italie, où il se comporta vaillamment. Quand il fut fait prisonnier à la bataille de Pavie, il ne voulut point accepter la régence ; cependant il ne cessa point de travailler à la délivrance du roi, et il continua de le bien servir quand il fut rendu à ses sujets. Comme je venais de monter en voiture, elle se brisa tout à coup, et je fus renversé. S. Jean fut amené à la cour d'Hérode, et il le fit mettre dans un cachot. Il l'écoutait avec plaisir, parce qu'il admirait la sagesse des conseils qu'il lui donnait.

Exercice 180e.

On se plaint, M. Géronte, que vous êtes peu obligeants. Prenez garde : les livres que vous emportez sont les miennes, et non les vôtre. Tel parle de lui à son désavantage, qui est bien aise qu'on ne le croie pas. Paul, sais-tu ta leçon? Je ne sais pas encore la mien. Cette vache est une très bonne laitière: aussi nous ne nous déferons pas d'elle. Sont-ce là vos cousins dont vous m'avez parlé? Oui, ce les sont. Et cette voiture, est-ce la leur? Oui, c'est elle. L'homme oisif ne se repose pas; il fatigue les autres et soi-même. Quand on demandait à Cornélie, mère des Gracques, si elle était riche, elle répondait : Je le suis, et elle montrait ses enfants, qu'elle appelait ses bijoux et ses richesses. Cher ami, la présente est pour répondre à la tienne du mois dernier, et pour te donner de mes nouvelles. La terre est naturellement fertile, mais elle la serait bien davantage si elle était mieux cultivée. L'Ange dit à Marie qu'elle serait la mère du Christ; les prophètes avaient annoncé depuis longtemps qu'elle la serait. La nouvelle que je vous annonce est encore secrète : ne parlez donc pas d'elle en public. Voilà une pauvre fille qui voudrait être chrétienne ; et ses parents, qui sont païens, ne veulent pas qu'elle la soit.

Exercice 181e.

Voyez-vous ces deux tableaux? Ils me coûtent plus de deux cents louis chaque; ce qui m'a décidé à les acheter, est qu'ils sont de l'école flamande, dont le genre, comme vous savez, me plaît beaucoup. Ce que j'ai à vous apprendre, est qu'il n'y aura point de guerre cette année. Et moi, ce que j'ai à vous dire, est qu'il y en aura. Madame, êtes-vous prête à monter en voiture? Oui, je le suis. Et vous, Messieurs, êtes-vous prêts aussi? Oui, nous les sommes. Les plaideurs ont parlé chacun à son tour: ils avaient cherché auparavant à gagner chacun ses juges. Est-ce toi, Jules, qui a refusé l'aumône à ce pauvre? Que cela est mal, mon cher enfant! A la bataille de Marathon, les dix généraux athéniens commandaient chacun leur jour; mais ils se décidèrent ensuite à remettre chacun leur commandement à Miltiade. Madame, avec des enfants comme vous les avez, on est heureux d'être mère. Nous irons en promenade aujourd'hui à Issy, ou, si on en décide autrement, nous prendrons notre récréation à la maison. On estime la vie par-dessus tout, et l'on la prodigue comme si elle devait toujours durer. C'est moi qui a reçu le premier la visite de l'ambassadeur espagnol. Est-ce vous qui lisait tout à l'heure à haute voix dans le jardin? Ce sont les siècles à venir qui jugerons sans partialité les évènements politiques de nos jours.

Exercice 182e.

Cicéron pouvait dire : Caton et moi nous sommes les seuls de notre temps qui soient restés bons citoyens et sincèrement dévoués à la république. Telle était la frayeur qui s'était emparée des esprits, que parmi tant d'honnêtes gens, nous ne fûmes que deux qui osèrent élever la voix en faveur de l'innocence opprimée. Vous êtes le seul de mes amis qui ait des goûts conformes aux mien. C'est moi qui a reçu votre lettre en date du vingt du courant, et celle-ci est pour vous annoncer mon arrivée à Paris le 1er juillet prochain. Ce n'est pas nous, Monsieur, qui s'occupent de l'impression de vos ouvrages, mais c'est nous qui les relient. Prenez garde : le siége sur qui vous êtes appuyé n'est pas solide. Le tigre est peut-être le seul animal de qui on ne puisse fléchir le caractère. Cueillez les feuilles de ces arbres, qui sont très utiles dans la médecine. Il y a un air de modestie dans ce jeune homme qui charme tous ceux qui le voient.

Exercice 183e.

Nous ne sommes que trois de notre bataillon qui ont échappé à la poursuite des Arabes. Puisque vous étiez deux dans le conseil qui étiez du même avis, il fallait vous soutenir et ne pas lâcher prise. Vatel demanda à ce petit marmiton : Es-tu le seul qui m'apportes de la marée ? Lorsqu'on est jeune, la vie paraît sans terme ; c'est un trésor qu'on croit qui est inépuisable. Arnaud, qui aimait Racine et qui estimait Athalie, la plaçait pourtant au-dessous d'Esther, à qui elle est si supérieure. Le cheval sur qui vous êtes monté est fougueux ; je vous conseille de vous défier de lui. Notre pauvre malade a eu hier un accès qu'on a cru qu'il en mourrait. Voilà un orage qu'on croit qui sera fatal aux récoltes. Peu de temps après la mort d'Auguste, qui affligea vivement le peuple romain, la poésie, qui avait brillé avec tant d'éclat sous les yeux de ce prince, par qui les lettres étaient protégées, s'éclipsa sous ses successeurs, qui s'abandonnèrent pour la plupart à la mollesse et à toutes sortes de crimes, qui amenèrent la chute de l'empire.

Exercice 184e.

Le Tasse naquit à Sorrento ; la maison d'où il sortait était une des plus illustres de l'Italie. J'ai lu avec plaisir cet ouvrage, qui a été composé par une personne qui est versée dans les sciences qui ont pour objet l'étude de la nature. La famille d'où vous sortez est originaire d'Allemagne. La ville d'Amsterdam, dont je viens actuellement, est remarquable par son commerce. J'attends une lettre de mon ami, qui doit m'arriver par la poste. Je me conduirai selon la lettre du ministre, qui m'informera de tout ce que j'aurai à faire. Les Montmorency, dont descendait le célèbre maréchal de Luxembourg, ont toujours été distingués. Toutes les confréries se rendirent, chacune avec sa bannière, au lieu du pèlerinage. Nos soldats s'exhortaient les uns et les autres à monter à l'assaut ; bientôt, ne se reconnaissant plus dans l'obscurité de la nuit, ils tirèrent les uns sur les autres. Est-ce vous qui s'amuse ainsi? Travaillez plutôt à vos devoirs. On est le plus souvent ami parce qu'on a les même habitudes et les même mœurs. Catherine de Médicis était jalouse de son autorité, et le devait être. Sont-ce là vos jardins? Oui, ce sont eux. Est-ce votre tante que je vois là-bas? Oui, c'est elle. Où trouverait-on une mère plus heureuse que je ne la suis? J'ai droit d'être fière de mes enfants, et je le suis. On doit être prudent entre amis, pour n'avoir point de regrets si l'on devenait ennemi. Ce n'est pas moi qui se fera prier pour répondre à votre invitation. Vous êtes l'écolier qui a reçu le plus de prix. C'est moi qui a découvert le complot. La race dont sortent les Européens est celle de Japhet. Est-ce vous qui a parlé ainsi?

Exercice 185e.

Vous n'êtes, mon enfant, ni assez riches ni assez savants pour entreprendre avec fruit ce voyage. Quelqu'un demandait l'autre jour à une petite fille : Etes-vous savante? Non, Monsieur, répondit-elle, je ne la suis pas ; mais je voudrais bien le devenir. C'est toi qui donna le premier l'exemple de la docilité. Nous serons les seuls qui essaieront de vous consoler. Ces pièces sur qui je m'appuyais ne m'ont pas empêché de perdre mon procès. Ce qui plaît dans les enfants, est la simplicité. Un jour que Tobie revenait d'ensevelir les morts, et qu'il était fatigué, ils se coucha près d'un mur. Les martyrs entendaient rugir les lions, et il n'étaient point effrayés. Pour ne pas reconnaître Dieu dans la nature, il faut une insensibilité ou un aveuglement à qui l'homme n'est que trop sujet.

Les saintes femmes étaient allées embaumer le corps de Jésus, et elle revinrent annoncer la résurrection du Sauveur. Tous tant que nous sommes qui croient aux menaces et aux promesses de l'Evangile, comment se fait-il que nous ne menions pas une vie plus chrétienne?

EXERCICE 186e.

David et Salomon furent d'abord pieux et sages, mais ils ne les furent pas toujours. Madame, n'êtes-vous pas la tante de ce jeune homme? Non, Monsieur, je ne la suis pas. L'arbre auprès de qui nous étions, loin de nous préserver de la foudre, ne fit que nous exposer à un plus grand danger. Vous savez que c'est moi qui a écrit au ministre pour cette affaire; il m'a promis que c'est vous qui aura la première place vacante. Racine est supérieur à Euripide en tout ce qu'il a de mieux. En faisant la volonté de son maître, cet élève travaille pour lui. Le juge se leva, et dit : Nous sommes persuadés de l'innocence de l'accusé. Vous serez toujours cru, mon ami, si vous êtes vrais. Quand on est chargé d'une nombreuse famille, on n'est pas maîtresse de son temps. Etes-vous Madame la princesse de Monaco? Oui, je la suis. Etes-vous enrhumée? Oui, je la suis. Ne seriez-vous pas, Messieurs, les deux voyageurs qu'on attend depuis deux jours? Oui, nous les sommes. Il n'y a que nous qui cultivent les belles-lettres dans cet ingrat pays. Turenne et Condé semblaient chercher à se surpasser l'un et l'autre. Les peuples en sont venus à ce point de s'entr'égorger sans se haïr les uns et les autres.

RÉCAPITULATION GÉNÉRALE SUR L'ARTICLE, LE NOM, L'ADJECTIF ET LE PRONOM. — (GRAMM., depuis le n° 97 jusqu'au n° 139.)

EXERCICE 187e.

Un coup d'œil de Louis enfantait des Corneille. Après avoir jeté plusieurs coup d'œil sur votre travail, j'ai reconnu qu'il était supérieur à l'idée que je m'en étais d'abord formée. Quarante milles fantassins, deux mille sept cent cavaliers, les deux questeurs des consuls, vingt et un tribuns des soldats, quatre-vingt sénateurs, furent tués à la bataille de Cannes. Je vous pardonnerai une première et deuxième fois ; mais pousser l'indulgence plus loin serait de ma part une faiblesse. Quand on tombe en faute, il faut se hâter de la réparer. Tel vie, tel mort. Les marchands auquel je vous ai adressé, ont-il répondu à la confiance que nous leur témoignions. Les hommes aiment à rendre justice aux morts, soit qu'ils se flattent de l'espérance qu'on la leur rendra à eux-mêmes un jour, soit qu'ils aiment naturellement la vérité. Quel est l'histoire qui vous plaît la plus, de celle de Joseph ou de celle de l'enfant prodigue ? Quel sont les principaux fleuves du royaume, et quel est la ville de France la plus éloignée de Paris ? Certains hommes sont aveugle sur leur propre défauts, et clairvoyant sur ceux des autres. On trouve dans ce pays des haute montagnes et de vaste forêts où le gibier abonde.

EXERCICE 188e.

C'est quand les cerfs ne sont ni trop gras ni trop maigres, qu'ils sont les plus agiles. Humain par caractère, ce Monsieur et sa dame se plaisent à soulager les malheureux. On doit toujours avoir des égards pour les vieilles gens, quelques grondeuses qu'ils soient. Comme l'eau manquait dans le camp, les soldats chrétiens élevèrent leur main vers le Seigneur, qui exauça leur prières et leurs envoya aussitôt une pluie abondante. Les soldats recueillaient l'eau dans leur casques. Le froid fut très grand en mille huit cents vingt-neuf. Les laurier-rose qui croissent dans le lit desséché du fleuve et sur les bords, nous permettaient de suivre au loin ses nombreuses sinuosités. Quelque semblent être votre pénible position et votre état malheureux, espérez toujours en Dieu. Mon ami, qui aime beaucoup les fleurs, s'évertuait à nous faire admirer des plate-bande de pied-d'alouette, de gueule-de-lion et autres fleurs qu'il cultive lui-même. Pour moi, qui aime surtout les fruits, je contemplais d'un œil plus charmé des magnifiques reine-claude qui pendaient à un prunier voisin. Les anciens prétendaient que Minerve, déesse des arts, était sortie toute armée du cerveau de Jupiter. L'homme qui craint Dieu, qui connaît les moindres secrets de nos cœurs, ne fait rien qui soit contraire à la vertu. Les deux principaux épisodes de ce poème, quelques intéressant qu'ils soient par eux-même, ne sont que des hors-d'œuvres.

Exercice 189*.

La France a deux cents trente lieues du nord au sud, et deux cent vingts de l'est à l'ouest. Lycurgue disait aux Spartiates : Voulez-vous être toujours libre et respectés? soyez toujours pauvre, et n'entreprenez jamais des conquêtes. Comment pouvons-nous reprendre les autres, si nous-même nous sommes répréhensible? Les deux Rousseau se sont distingués dans des genres différents. La politesse exige qu'on prête attention à ce qu'on nous dit. L'ancienne et nouvelle ville sont maintenant réunies par un pont. Votre tante, m'a-t-on dit, vous a fait cadeau d'une douzaine et demi de belles serviettes et d'autant d'essuies-mains. Tâchons d'être tel que nous voulons le faire paraître. Le temps adoucit toutes les afflictions, quelles-que profondes qu'elles soient. Les jouissances le plus douces sont celles qui sont causées par une vie pure et réglée. Qui peut lire l'Evangile, sans trouver sa morale sublime? Aucuns chemins de fleurs ne conduisent à la gloire. Cette dame est regrettée des pauvres et la sera longtemps. Vos sœurs ne sont pas encore très habile dans la musique, mais elle le deviendront assurément.

Exercice 190e.

Ceux qui paraissent être le plus en faveur auprès des princes, sont exposés à chaque instant à la perdre. Le souvenir de la vertu a surtout cela de bon, qu'il ramène à elle. Le sage sait jouir des plaisirs et se passe d'eux. Un homme qui a su vaincre ses passions et leur mettre un frein, a remporté la plus belle de toutes les victoires. Je réponds à la vôtre en date du vingt courant, et j'ai l'honneur de vous informer que sur la somme convenue entre nous, il y a une erreur de quatre-vingts-trois francs. Pour obliger nos ennemis même à se fier à nous, il faut au moins faire semblant de nous fier à eux. La botanique, à qui je consacre mes soins maintenant, est une étude qui paraît sèche et aride à quelque personnes et qui est très agréable pour d'autre. Voilà des bon ouvriers ; ils ne gagnent pas moins de quatre-vingt francs par mois chaque. Le corps périt, et l'ame est immortelle; cependant on néglige celui-là, et tous les soins sont pour celle-ci. Les différents petits Etats de la Grèce avaient chacun son dialecte, ou leur manière particulière de parler.

Exercice 191e.

Quelques coupables que fussent les bourreaux de Jésus-Christ, ce divin sauveur leur pardonna. Le chien et le chat sont deux animaux qui se détestent l'un et l'autre ; celui-là est faux et perfide ; celui-ci est fidèle et sincère. Le chat n'aime pas ceux même qui le flattent ; sa perfidie est tel, qu'il nous blesse en nous caressant. Votre jeune sœur est tout autre que sa cousine; l'une et l'autre sont intelligentes; mais celle-ci est légère, étourdi, et celle-là est réfléchi, modeste, appliquée à ses devoirs. Nous, archevêque de Paris, après avoir examiné par nous-mêmes le présent livre, nous l'approuvons et le recommandons. Pyrrhus resta enfin maître du champ de bataille, mais la victoire lui coûta chère. Quelleque faute qu'ait commise le consul Varron, de quelque témérité qu'il doive être accusé, il mérite cependant notre admiration pour n'avoir pas désespéré du salut de la république.

Exercice 192e.

De toutes les méthodes de musique que je connaisse, c'est celle-ci qui me paraît la mieux arrangée et le plus propre à être mise entre les mains de ceux qui commencent. Dieu dit aux Hébreux : Vous ne vous ferez point de dieux de bois et de pierre, comme les nations qui vous avoisinent; vous ne commettrez point des injustices, et vous ne ferez point des faux témoignages. J'ai appris sur votre compte quelque chose qui est fort plaisante. Le monde est aujourd'hui si corrompu, qu'on acquiert la réputation d'homme de bien seulement en ne faisant pas du mal. Les Paul-Emiles et les Scipions ont été des grands hommes et des fort honnêtes gens. Dans ce beau siècle florissaient les Ambroises, les Athanases, les Chrysostômes, les Basiles, les Grégoires, les Antoines, et tant d'autre dont la solitude seul pourrait redire les noms. Ces élèves ont plusieurs pensums à faire. La plupart des Mécène ont pu être des hommes peu instruits; mais ce dont il faut leur savoir gré, est d'avoir su distinguer le mérite et le protéger. Il y a dans cet auteur trop de *car*, de *puisque*, de *parce que*, et autres particules semblables. Voilà bien les meilleur gens que j'aie vus de ma vie! Dites-moi quel sont les gens que vous fréquentez, et je vous dirai qui vous êtes. Il faut en tout faire la part du temps ou du hasard, à qui il est juste d'attribuer la plupart de nos succès. L'homme de bien doit son assistance à tout infortuné, lors même qu'il est son ennemi. Le temple de Janus était ouvert en temps de guerre, et fermé pendant la paix, ce qui n'arriva que trois fois dans l'espace de sept cents vingt-trois ans.

EXERCICE 193*.

Charlemagne fut proclamé empereur d'Occident, le jour de Noël, l'an huit cents. Cette ligne de chemin de fer a coûté trente million six cents quatre-vingts milles deux cents francs. L'affection entre amis diminue quand on est séparé. La voiture sur qui on m'a fait monter était dur et mal suspendue. Vous n'êtes pas ma fille; mais lors même que vous le seriez, je ne prendrais pas un intérêt plus vif à votre bonheur. Ce qui dominait dans César était l'ambition. Les Gabaonites dirent à Josué : Le pays dont nous venons est loin d'ici. Enée, d'où descendait Romulus, était un Troyen échappé à la ruine de sa patrie. Le sage qui entend une parole sensée, la loue, et se l'applique à soi-même. Etes-vous la maîtresse de cette maison? Je le suis. Etes-vous maîtresse de vos actions? Non, je ne le suis pas. Quelsque sacrifices que mes sœurs aient faits en faveur de cette famille ingrate, quelque dures privations qu'elles se soient imposées pour venir à son secours, quelques nombreux qu'aient été les bienfaits dont elles l'ont comblée, elle n'ont trouvé que des cœurs durs et perfides.

EXERCICE 194°

Régulus, dans son expédition contre Carthage, eut à combattre un prodigieux serpent, contre qui il fallut employer toute l'armée romaine. Voilà un abus que je veux qui cesse. Quand l'on se conduit bien, on est estimé et récompensé. Les chefs des Grecs se retirèrent chacun dans sa tente. Il y a une certaine douceur dans le langage d'un hypocrite que n'a pas la vérité. Aimer Dieu de toutes ses forces, est se rendre véritablement heureux. Vous pouvez, Monsieur, être tranquilles : c'est moi-même qui fera votre commission. Les Japonais supportent avec une constance admirable toutes les incommodités de la vie, dont ils ne font pas grand cas. Les ouvrages de Virgile et d'Horace sont des chef-d'œuvre chacun dans son genre. Les corps célestes s'attirent les uns et les autres en raison de leur masse et de leur distance. Il y a cinq cent ans que la poudre à canon fut inventée par un moine allemand. Tout les philosophes ne sont pas des Caton; tous les avocats ne sont pas des Cicéron.

EXERCICE 195°.

Le style n'est que l'ordre et le mouvement qu'on met dans ses pensées : si l'on les enchaîne étroitement, si l'on les serre, le style devient ferme, nerveux et concis; si l'on les laisse se succéder lentement, et ne se joindre qu'à la faveur des mots, quelques élégants qu'ils soient, le style sera diffus, lâche et traînant. Loin de se regarder comme ne faisant qu'une seule et même famille, les hommes ne se lient que pour se tromper les uns et les autres. Toute les dignités qui distinguent les hommes disparaissent avec la vie, et l'on pourrait mettre cette inscription sur la porte d'un cimetière : Ici l'on est égals. On se sert de plusieurs noms pour exprimer la même chose; cependant, si l'on examine tous ces noms les uns après les autres, on trouvera qu'ils ont chacun sa signification particulière. Veuillez dire à votre ami que j'ai reçu la sienne en date du dix de ce mois. Ce qui soutient l'homme au milieu des plus grands revers, est l'espérance. L'honneur est mal gardé, lorsque la religion n'est pas aux avant-poste. Animé du désir de devenir meilleurs, les personnes bien nées se corrigent facilement de leurs défauts, lors même qu'elles y sont les plus sujettes. Considérez la condition des hommes qui dirigent les affaires : quelques sages qu'ils soient, quelle que soit leur puissance, quelque lumières qu'ils possèdent, que d'agitations ! que de traverses ! Il y a dans Dieu une sagesse et une puissance sans laquelle on ne saurait le concevoir C'est en l'an mille quatre-vingt-quinze qu'a eu lieu la première croisade. Il paraît que les premiers orgues ont été inventés par Archimède, vers l'an deux cent avant Jésus-Christ. Ces orgues allaient par le moyen de l'eau; quelles qu'ils fussent, ils étaient sans doute fort inférieurs à ceux qu'on admire dans les principales églises de l'Europe. (CHAPS.)

EXERCICE 196e.

Se glorifier d'une bonne action qu'on a faite, c'est perdre tout son mérite. Quels que dissimulés que soient les méchants, Dieu connaît les moindres sécrets de leur cœur. Ne demandons pas à un ami des choses indignes de l'honneur, car un ami est un autre nous-mêmes. Les femmes grecques et romaines se brunissaient leurs yeux comme les femmes de l'Orient. Nous faisons nos plus chers délices de la sainte Ecriture. L'héroïsme de la bonté est d'aimer jusqu'à ses ennemis même. Il y a de l'ingratitude à ne témoigner de la reconnaissance des bienfaits qu'on a reçus, que pour en recevoir des nouveaux. S. Louis suivait pieds nu l'étendard de la sainte croix. Touts spirituels que sont certains gens, ils ne savent pas que c'est montrer de l'esprit que de faire paraître celui des autres. Le poète Thomas a dit, en parlant des grands : S'ils ont l'éclat du marbre, ils ont sa dureté. Le sage est ménager du temps, des paroles mêmes. Les habitants de la côte de la Nouvelle-Hollande sont peut-être les gens du monde les plus misérables, et ceux de tous qui approchent les plus de la brute. Le bonheur dont toutes les honnêtes gens sont les plus jalouses, c'est l'estime et l'amitié des autres hommes. Peut-on contempler le ciel sans être convaincu que l'univers est gouverné par une suprême et une divine intelligence. Tout est arrangé dans le monde avec une sagesse, une bonté infinie. L'irréligion et le relâchement des lois sont les avant-coureur de la ruine des Etats. (Id.)

Exercice 197e.

Tout mal écrits que sont la plupart des livres allemands, on y trouve cependant quelque chose qui mérite d'être lue. Ils se font remarquer par une science, une érudition souvent très utiles pour ceux qui veulent approfondir l'histoire et faire pour cela toutes les recherches nécessaire. C'est moi, s'écrie Euryale, c'est moi qui a commis le crime; c'est moi seul qui doit être puni; Nisus n'a rien fait ni n'a rien pu faire. Sont-ce vous, Messieurs, qui avez remporté les prix au dernier concours? C'est toi, Ulysse, qui fut cause que les Grecs m'abandonnèrent. Est-ce là tout le devoir que je vous avais donné? Oui, Monsieur, c'est lui. Est-ce là votre marraine? Oui, ce l'est. Ce cuisinier est le dernier des gâte-sauce de Paris. Vos richesses, quelles qu'elles soient, ne vous empêcheront pas de mourir. Je viens d'acheter des plumes et six porte-plume. Il ne convient pas d'aller nue-jambes. Ma feu tante rendait de très grands services à feus vos oncles ainsi qu'à feue votre mère. Nous avons fait sept demi-lieues en deux heures et demies. Tout Rome gémissait sous le tyrannie des Tibères et des Caligulas.

EXERCICE 198e.

Ma sœur est toute aussi économe que ma mère. Certains gens de lettres sont constamment animés d'un esprit de jalousie. C'est moi qui est désigné par le sort. C'est toi, ô mon frère, qui me consolait dans mes tristesses, qui me raffermissait dans mes angoisses! C'est moi qui l'a vu; c'est moi qui l'a entendu; c'est donc moi qui en est le plus certain. Les savants, les ignorants, les sauvages même aiment la musique. Ces enfants sont insensible même aux bienfaits de ceux qui leurs ont donné le jour. Ces enfants sont tous seuls : ayez-en soin. Il faut monter les poids de cet horloge toutes les vingt-quatre heures. Quelle aventure vous est-il survenu? Quelques puissent être vos motifs secrets, il seront connus tôt ou tard. Toute découragées que sont vos sœurs, toutes affligées qu'elles sont, elles ont cependant cherché à rendre le courage à votre père. Cet enfant est accablé de pensums. On a chanté tour à tour des *Te Deum* et des *Libera* : ainsi va le monde. Tous chemins vont à Rome. Il y a bien peu de Zopire qui se mutilent pour soumettre des Babylone à leur roi. Est-ce moi qui paiera, ou bien est-ce toi qui t'en charge? Les scélérats même condamnent les vices des autres.

EXERCICE 199e.

Si c'est moi qui est seul coupable, je consens à faire la punition ; mais si c'est nous tous qui le sommes, je demande qu'elle soit partagée. Etes-vous, Messieurs, héritiers du défunt? Oui, nous les sommes. Etes-vous ses plus proches parents? Oui, nous les sommes. Etes-vous magistrats? Non, nous ne les sommes pas. Quand une fois on a trempé ses lèvres dans la coupe de la bienfaisance, sa liqueur paraît si douce qu'on ne veut plus la quitter. S'il est utile de se faire des amis, il l'est peut-être encore plus de ne point se faire des ennemis. Depuis Codrus, combien de héros ont été les généreuses et les sublimes victimes de l'amour de la patrie! Donnez une demie-livre de viande à ce pauvre; c'est moi qui vous paiera à mon retour. Mon fils, soyez modestes, et croyez, quelsque soient vos connaissances, qu'il vous reste encore davantage à apprendre. La vie serait bien courte, si l'espérance ne prolongeait sa durée. Ce sont des hommes hauts placés. Ces sauvages sont à demis-nus. Ces prédicateurs sont restés court au milieu de leur sermon. Ces fleurs sentent très bonnes. Nous leurs avons commandé de travailler, et ils nous ont désobéi, ainsi que leur camarades. Ne leur donnez pas mes effets, mais donnez-leur les leur. Nos plumes ne valent rien; les leur paraissent meilleurs.

CHAPITRE V.

DU VERBE.

EXERCICE 200e (1).

Je parle. — (GRAMM., n° 139.)

Les fruits naisse au printemps et se cueille en automne. Le Seigneur entends les cantiques des hommes pieux. J'écrirez. Tu chantera. Ils se réjouirons. Du milieu de ce parterre s'élève des plantes odoriférantes, dont la bonne odeur parfume et embaument les airs. L'homme qui veux faire le mal dit : Les ténèbres m'environne, les murailles me couvre, personne ne me regarde. Insensé ! mais ton ange te vois, le Seigneur te regarde et te condamne, et le démon te tourmenteras.

EXERCICE 201e.

Pierre et Paul jouent. — (GRAMM., n° 140.)

Octave et Antoine jouait souvent ensemble ; mais Antoine était presque toujours malheureux. Votre frère et votre cousin étudie la médecine à Montpellier. Le jeune homme, comme le vieillard, peuvent être frappés à chaque instant par la mort. Le matin de la vié, ainsi que le matin du jour, sont ordinairement riant et plein d'espérance. Femmes, moines, vieillards, tout étaient descendu. Isaac et Ismaël ne pouvait vivre ensemble ; Sara et Agar, leurs mères, se querellait également.

(1) Voyez, pour d'autres exercices sur le verbe, les exercices déjà donnés, *première partie*, page 39. — On pourrait même faire reprendre aux élèves les exercices donnés *page* 35.

EXERCICE 202e.

L'intérêt ou l'orgueil dirigent trop souvent l'homme.
(GRAMM., n° 141.)

Pendant qu'Eschine ou Démosthènes haranguait les Athéniens, le roi de Macédoine étendait ses conquêtes. Nous sommes si peu faits pour être heureux, qu'il faut nécessairement que le corps ou l'ame souffrent quand ils ne souffrent pas tous deux. Mon frère ou mon cousin iront au devant de vous. Le froid ou le chaud vous ont causé cette maladie. Ni le vent ni la pluie ne l'arrête. Ni le père ni le fils n'obtiendront le premier prix de peinture.

EXERCICE 203e.

Vous et moi nous nous portons bien. — Une foule d'enfants encombraient la rue. — (GRAMM., nos 142 et 143.)

Vous et votre élève vous irez à Athènes. Mon fils et moi nous irons vous y rejoindre. Ma mère et moi désiraient depuis longtemps faire connaissance avec vous. La multitude de canaux qui coupent la Hollande, sert à transporter les marchandises d'un lieu à un autre avec une grande facilité. La totalité des pays de l'Afrique n'ont pas encore été explorés. Un grand nombre d'Irlandais mourut de faim dans cette malheureuse année. La plupart des hommes cultive le sol. La vingtième partie environ des biens qui se vendent ou se donnent, reviennent à l'Etat.

EXERCICE 204e.

Plus d'un auteur a traité ce sujet. — (GRAMM., n° 144.)

Plus d'un écrivain se critique l'un l'autre. Plus d'un sénateur trembla sur son siége. La prise de Troie est un des faits les plus mémorables qui ait eu lieu.

Une des découvertes les plus importantes qui ait été faites, c'est sans contredit celle de l'imprimerie. Plus d'un autre à votre place auraient été saisi d'une frayeur semblable. C'est un de mes chevaux qui vient de s'abattre.

EXERCICE 205e.

Ce sont les passions qui nous perdent. — (GRAMM., nos 145 et 146.)

C'est les Anglais, selon les uns, qui ont inventé les chemins de fer ; d'autres disent que c'est les Français. Quoi qu'il en soit, c'est nous tous, peuples de l'Europe, qui profitent de cette grande découverte. C'est Joseph d'Arimathie et Nicodème qui ensevelirent le Sauveur. C'est Jules et Léon qui me sont le plus chers de tous mes amis. C'est l'avarice ou l'ambition qui guide cet homme dans toutes ses démarches. C'est vous et moi qui seront nommés pour juger ce différend. Ce sont des Arabes que nous viennent les chiffres dont nous nous servons.

EXERCICE 206e.

J'aime Dieu. — *J'obéis à mes parents.* — (GRAMM., n° 147.)

Les enfants indociles ne sont pas aimés par Dieu. C'est pour vous, mes amis, pour qui vos pères travaillent et se donnent tant de peines. C'est à Jenner, médecin écossais, à qui est due la découverte de la vaccine. Vous arrivez, Monsieur, fort à propos : c'est précisément de vous de qui nous parlions. C'est en cela en quoi vous réussissez le mieux. C'est à vous, mon esprit, à qui je veux parler. Est-ce à Saint-Pétersbourg où vous êtes allé l'année dernière ? Est-ce à Munich où vous vous proposez d'aller cette année ? Caïn fut maudit par Dieu.

EXERCICE 207e.

Dieu aime et favorise l'homme de bien. —(GRAMM., n° 148.)

Le chasseur épie et tend des piéges au gibier. Les Français ont assiégé et se sont emparés des principales villes de l'Allemagne, de l'Espagne et de l'Italie. J'aime et je suis aimé de mes supérieurs. Il y a beaucoup de mérite à sentir et à faire l'aveu de ses torts. On voit entrer et sortir chaque jour du port de Londres une multitude de vaisseaux. Les voleurs prennent tout à coup et s'arment de bons pistolets.

EXERCICE 208e.

Cet élève aime l'étude et le travail. — (GRAMM., n° 149.)

Les Scythes s'exerçaient au maniement du javelot et à tirer de l'arc. Je crois vos raisons fort bonnes et qu'on en tiendra compte. L'homme qui aime à faire le bien et qu'on l'en loue n'est pas vraiment vertueux. Votre frère ne se plaît qu'à la pêche et à chasser. Charlemagne aimait les lettres et à vivre avec ceux qui les cultivaient. Il ne faut pas s'appliquer à l'étude et à faire de la musique pendant les récréations.

EXERCICE 209e.

Faites le bien à vos plus grands ennemis. — (GRAMM. n° 150.)

Les maîtres qui grondent ceux qui les servent avec emportement, sont les plus mal servis. Prenez ce journal et lisez-moi-le. Allez chercher cette chaise et apportez-moi-la. L'armée se met en mouvement, et bientôt la trompette guerrière remplit de brillantes fanfares les airs. Voilà un beau cheval : vendez-nous-le. Cette calèche nous conviendrait également : cédez-nous-la.

RÉCAPITULATION sur toutes les règles précédentes.
(GRAMM., depuis le n° 139 jusqu'au n° 151.)

EXERCICE 210e.

Napoléon, comme Henri IV, comme Charles-Quint, rêvaient la monarchie universelle. Lorsque le printemps revient, toute la nature se renouvelle; les arbres se couvre de feuilles et de fleurs, la terre se pare de gazon, les oiseaux commence leurs concerts et célèbre en quelque sorte le retour de la belle saison. Les Juifs crucifière le Sauveur. Le roi, la reine, Monsieur, toute la cour, tout le peuple, tout est abattu, tout est désespéré. Mais, et les princes et les peuples gémissait en vain. En vain Monsieur, en vain le roi même tenaient Madame serrée par de si étroits embrassements : la princesse leur échappait, et la mort, plus puissante, nous l'enlevait entre ces royales mains. C'est l'intempérance, de même que l'oisiveté, qui perdent les hommes. Au XIIIe siècle, une nuée de Tartares inondèrent l'Asie et une partie de l'Europe. Une multitude d'hommes fut tué par ces conquérants farouches, et un grand nombre de personnes ne durent leur salut qu'à une prompte fuite. La vivacité ou la langueur des yeux est un des principaux caractères de la physionomie. Plus d'un Boileau seraient nécessaire de nos jours pour ramener le bon sens et la raison dans la littérature. Mes sœurs reviendrons bientôt de pension; ce sera elles, dit-on, qui auront les plus beaux prix.

EXERCICE 211e.

C'était les lauriers de Miltiade qui réveillaient Thémistocle. Louis XIV avait une dignité, une majesté qui n'avaient jamais paru dans aucun de ses prédécesseurs. Racine est un des poètes du XVIIe siècle qui lui fait le plus d'honneur. Du milieu de l'Etna s'élève des flammes dévorantes qui, retombant en laves de feu, envahissent les campagnes voisines, détruise les moissons et renverse les maisons des malheureux habitants. Le peuple carthaginois, comme le peuple tyrien, étaient adonné à la navigation et au commerce. A Athènes, comme à Rome, une statue, une couronne de laurier, un éloge étaient une récompense immense pour une bataille gagnée. C'est Henri II, non moins que ses officiers, qui sont coupables de la mort de saint Thomas Becket, archevêque de Cantorbéry. Ni votre cousin ni le mien ne se sont distinguës dans cette action. La plupart des hommes pense bien et vit mal. L'infinité des perfections de Dieu accablent l'esprit humain.

Exercice 212*.

C'est pendant que Charles IX, ou plutôt Catherine de Médicis, sa mère, régnaient, qu'eut lieu le massacre de la Saint-Barthélemi. Le bonheur ou le malheur des peuples est dans la main de ceux qui les gouvernent. Mon frère et le vôtre joue souvent ensemble; leurs goûts sont tout à fait les même. Le pauvre et le riche deviennent égaux à la mort. C'est la ruse et l'audace qui a sauvé Annibal de plus d'un mauvais pas. Ce que Dieu demande, c'est notre cœur, ce sont nous-même. Vous devriez chérir des maîtres aussi bons et leur obéir avec empressement. L'amour de l'or ou le désir de la vengeance a porté les hommes aux plus grands crimes. L'excès, plutôt que l'abstinence, nuisent à la santé. Une infinité de familles quitte l'Allemagne et va chercher en Amérique la substance qui leur manque dans le pays natal. Les Anglais font un très grand cas de Shakspeare; ils ont voulu non seulement l'opposer, mais le mettre au-dessus de Corneille. C'est de la ville de Genève d'où l'on tire la plus belle horlogerie. La montre dont on vous a fait cadeau, montrez-moi-la, je vous prie. Allez nous chercher nos livres, et apportez-nous-les au jardin, sous le bosquet. Oh! si je savais que vous dussiez persévérer dans ces bons sentiments! du moins, promettez-moi-le.

Exercice 213ᵉ.

Un solitaire avait mis sur la porte de sa cellule : C'est ici où habite le bonheur. Notre maître nous a blâmés et reproché le peu de confiance que nous avons eu en lui. Le duc de Bourgogne, élève de Fénélon, était doué de toutes les qualités : sa piété, sa sainteté faisaient espérer qu'on verrait revivre en lui un autre saint Louis; son génie, son application aux affaires l'aurait rendu supérieur aux plus habiles ministres et égal aux princes les plus accomplis dont parle l'histoire. Pierre et Jean entrèrent dans la maison de Caïphe, où se trouvait déjà Jésus et ses accusateurs. O Judas! toi et les tiens auraient dû être attendris par la douceur et la bonté de ce divin maître. La fortune, de même que les dignités, rendent communément les hommes orgueilleux, mais c'est l'adversité qui les rend sages. Vous ou moi seront peut-être un jour assez heureux pour reconnaître tant de bienfaits. La multitude d'hommes qui environne les princes est cause qu'il y en a peu qui fasse une impression profonde sur eux. Cette lettre est à mon adresse; donnez-moi-la.

Exercice 214ᵉ.

Lyon et Marseille passe pour les villes de France les plus commerçantes après Paris. Fénélon était admiré de tous ses contemporains : sa douceur, son aménité rendaient son commerce extrêmement agréable à tous ceux qui avaient le bonheur de l'approcher. Ce seront le ministre ou le général en chef qui auront toute la responsabilité de cette perte : mais ce ne sera ni vous ni moi qui en sera blâmés. Nous avons en nous deux facultés rarement réunies : ce sont l'imagination et le jugement Athalie est une des pièces les plus intéressantes qui existe chez aucun peuple. C'est moi qui a tort, et c'est vous qui a raison. Est-ce vous, Messieurs, qui avez appelé ? ou bien sont-ce le maître ou la maîtresse du logis ? C'est le grand nombre d'amis qu'a eus Henri IV, qui prouvent combien il méritait d'être aimé. Thalès est le premier des Grecs qui aient enseigné l'immortalité de l'ame. Les étoiles sont éloignées de nous de trente milliards de lieues au moins ; cette distance infinie et l'éclat dont elles brillent, donne lieu de croire que c'est autant de soleils ayant chacun leurs planètes et leurs comètes. Personne ne fut plus doué que saint François de Sales de cette bonté, de cette indulgence qui captivent tous les cœurs. Ce sont la pluie et la chaleur qui féconde la terre. C'est sur vous sur qui je m'étais reposé du soin de ce procès : pourquoi ne m'en avez-vous pas encore remis les pièces ? Remettez-moi-les au plus tôt. C'est à l'Océan ou à la Méditerranée que s'écoule les eaux de toutes les rivières de France.

Exercice 215e.

Est-ce de Tite-Live ou de Plutarque de qui vous avez tiré cet exemple ? Au moyen du chemin de fer, on peux maintenant aller de Paris à Dijon et en revenir en moins de douze heures. Ramassez ces livres et tendez-moi-les. Mes enfants, je suis sensible et content des preuves d'amitié que vous m'avez données. Cet avocat a parlé en même temps en faveur et contre son ami. Tous les hommes donne facilement des conseils, mais il y en a peu qui soit disposés à les suivre. Un mot, une surprise, un coup d'œil nous trahissent. Le cerf est un de ces animaux innocents, doux et tranquilles, qui ne semble être faits que pour embellir, animer la solitude des forêts. Ni vous ni moi n'a passé par les grandes épreuves de l'envie et de l'ambition; peut-être aurions-nous été, comme tant d'autres, de faux amis et de lâches flatteurs. Est-ce l'énergique simplicité de Démosthènes ou la noble abondance de Cicéron qui vous plaisent le plus?

EXERCICE 216*.

D'épaisses ténèbres obscurcissaient la voûte du ciel. C'était nous qui étaient appelés à ce nouvel emploi; mais ce fut vous, Messieurs, par vos sollicitations, qui furent nommés à notre place. Je suis l'homme qui vous ai fait le plus de bien, et vous, vous êtes l'homme qui m'avez fait le plus de mal. O mon cher Aristias, si tu aime ta patrie, que les dieux te préservent de lui souhaiter des succès qui contribueraient et accélèreraient sa décadence et sa ruine. Puisque cet enfant a mérité d'être mis en punition, il la recevra Sont-ce là les devoirs que je vous ai donnés à faire? Oui, ce sont eux. Hérophile, philosophe grec, ainsi que Descartes, placent l'ame dans le centre du cerveau. Une parole, une pensée même peuvent nous rendre coupable. O Télémaque, aimez vos peuples comme vos enfants; goûtez le plaisir d'être aimé par eux, et faite qu'il ne puisse jamais goûter la paix ni la joie sans se rappeler que c'est à un bon roi à qui ils sont redevables de ces précieux avantages.

EXERCICE 217*.

L'homme, ainsi que la température, changent souvent plusieurs fois dans un même jour. Qui n'admireraient l'infortuné Louis XVI? Sa patience, sa résignation ne s'est pas démentie un seul instant; son courage, sa tranquillité en face de la mort est au-dessus de tout éloge. L'envie, ainsi que les autres passions, sont peu compatibles avec le bonheur. En vain sa mère, en vain son père même l'exhortait à penser à son salut et à mettre ordre à sa conscience. Savez-vous à quoi s'occupe Charles et Théodore? Travaillent-ils à leurs devoirs? La vie de l'homme riche, aussi bien que celle du pauvre, sont semées de misères et de peines de toutes sortes. C'est en Afrique et en Amérique que se trouve les plus grands arbres et les plus beaux fruits; mais c'est aussi là où vivent les animaux les plus malfaisants. L'homme de bien est trop confiant; sa candeur, son innocence le rend dupe des méchants. C'est le sévère Louvois, plutôt que Louis XIV et ses généraux, qui est coupable de l'incendie du Palatinat. Peu de personnes réfléchissent que le temps, plus que l'argent, sont une chose précieuse. Si le nombre des cultivateurs propriétaires étaient doublé en France, les terres rapporteraient au moins une fois davantage.

EXERCICE 218*.

Dans la funeste expédition de Russie, l'armée française avaient été obligée d'abandonner un nombre immense de caissons remplis de poudre. Une troupe de cosaques à demi barbares et indisciplinés, qui harcelait notre arrière-garde, ayant aperçu ces caissons, foncèrent sur cette proie et se flattait déjà de faire un riche butin; mais un petit nombre de soldats français qui étaient restés en arrière dans la prévision de ce qui arriva, avait fait, en se retirant, une longue traînée de poudre, et y ayant mis le feu, ils virent bientôt les membres des malheureux cosaques sauter en l'air au milieu des débris de toutes sortes et retomber palpitants sur la terre. Est-ce Paul ou Auguste qui sont venus? C'est votre père ou le mien qui seront élus au corps législatif. La plus grande partie des voyageurs s'accorde à dire que les îles de l'Océanie ont le plus beau climat du monde. C'est la raison, et non pas l'habit, qui fait l'homme. Toi ou ton frère serez reçu cette année à l'école polytechnique. La santé, comme la fortune, retire ses faveurs à ceux qui en abusent. Beaucoup d'Irlandais, persécutés pour leur religion, se sont expatriés et sont venus s'établir en France.

EXERCICE 219e.

On dit que l'un ou l'autre de ces jeunes officiers auront la croix d'honneur : l'un et l'autre la méritent. J'ai lu vos deux discours : ni l'un ni l'autre ne sont bons. Les deux armées s'approche : bientôt une nuée de traits obscurcissent l'air. J'admire Racine et Boileau; l'un et l'autre étaient bons chrétiens. Ni l'ingratitude des hommes, ni la vue des supplices qui l'attendaient, n'a empêché notre divin Sauveur de se sacrifier pour nous. J'ai deux domestiques : l'un ou l'autre vous reconduiront jusque chez vous Ni cet écrivain ni moi n'obtiendra la place vacante à l'académie. Une multitude d'hommes, semblables à des brigands, sort on ne sait d'où, et paraît tout à coup dans les rues de Paris, quand il s'agit de faire quelque révolution ou quelque émeute. Une dizaine d'hommes a été occupée à faire cette besogne : une demi-douzaine suffisait pour la faire. Là se trouve de hautes montagnes, d'où descend une foule de torrents grossis par les neiges. Vendez-moi ce cheval blanc ou ce cheval noir : l'un ou l'autre me conviennent. Monsieur Alphonse et moi se proposent de faire un voyage en Italie; qui de vous, jeunes gens, viendra avec nous? Je prévois d'abord que ni vous, Jules, ni votre frère, ne pourra nous accompagner. La moitié des croisés qui avaient pris leur chemin par l'Allemagne, périrent avant d'arriver à Constantinople.

Exercice 220e.

Héliogabale est un des plus cruels empereurs romains qui ait régné. Combien ne devons-nous pas chérir nos parents, puisque c'est d'eux de qui nous tenons la vie, la fortune et la patrie ! Dans cent ans, le monde subsistera encore; ce seront le même théâtre et les mêmes décorations; les acteurs seuls auront changé. C'est de ce marchand de qui j'ai acheté le cheval sur qui vous me voyez monté. La seconde croisade fut annoncée par Foulque, curé de Neuilly; il choisit le moment où les grands et la noblesse étaient réunis dans un tournoi pour la prêcher. Mon fils, appliquez-vous à l'étude de la sagesse et à faire du bien à vos semblables. Peu à peu les rois de France apprirent à connaître et à se servir de leurs avantages contre leurs vassaux. Je vous prie de vouloir bien porter à la diligence ce paquet. Cueillez cette rose et donnez-moi-la. C'est aujourd'hui la fête de votre mère; faites un bouquet et offrez-lui-le. Quand vous pensez à Dieu, représentez-vous-le comme un être infiniment saint, qui voit toutes vos démarches et jusqu'à vos pensées les plus secrètes. Ce n'est que dans la religion où l'on trouve des consolations solides. Mon frère, n'est-il pas juste que vous et moi, qui sont jeunes, soulagent nos parents dans leur vieillesse?

EXERCICE 221e.

C'est d'un célèbre voyageur de qui j'ai appris toutes les choses intéressantes que je vous ai dites sur cette partie du monde. Croyez la vertu préférable aux richesses, et que Dieu récompense ceux qui la pratiquent. Pélopidas et Epaminondas égale les plus grands hommes que la Grèce ait produits; ils élevèrent Thèbes, leur patrie, au comble de la gloire. Sennamor, architecte arabe, florissait vers l'an quinze cent; c'est à lui à qui les Arabes doivent deux palais qu'ils ont placés au rang des merveilles du monde. La plupart des écrivains de nos jours manque de profondeur et de naturel. Assez de maux, ce semble, accable les hommes, pour qu'ils soient dispensés de chercher à se nuire les uns les autres. Il n'y a donc que toi seul, mon véritable ami, qui t'intéresse à notre malheur, qui sait nous apprécier, et qui ose tout pour des amis malheureux. C'est un des conjurés qui découvrit la conspiration. C'est un de nous qui serons nommé sous-préfet. La première faute de l'homme fut de se révolter contre son créateur, et d'employer tous les avantages qu'il en avait reçus, pour l'offenser.

VALEUR DES TEMPS.

(Voy. GRAMM., depuis le n° 152 jusqu'au n° 159.)

EXERCICE 222e

Mon cheval prend le mors aux dents, s'élance, et voulant franchir le fossé, précipita voiture et conducteur dans la boue. J'ai appris cette semaine que votre frère était mort d'une fièvre cérébrale. Dieu parle, l'homme naît; après un court sommeil, sa modeste compagne enchanta son réveil. Tout à coup une noire tempête enveloppe le ciel et irrita les ondes de la mer; le jour se change en nuit, et la mort se présenta à nous; le pilote, troublé, s'écrie qu'il ne peut résister aux vagues; un coup de vent rompt notre mât, et un moment après nous entendîmes les pointes des rochers qui entr'ouvraient le fond du navire. Je vous ai dit que l'adjectif s'accordait en genre et en nombre avec le substantif qu'il qualifie Le mois dernier, je reçus une grande quantité de marchandises; je n'en ai pas reçu autant ce mois-ci. Nous ne sommes partis que trois ou quatre pour la chasse ce matin, et nous nous sommes trouvés plus de dix quand nous fûmes arrivés à la forêt.

EXERCICE 223°.

J'écrivis ce matin une longue lettre pour recommander votre affaire à mon avocat. Quelques historiens ont blâmé Henri IV de l'extrême indulgence avec laquelle il avait traité quelques-uns de ses ennemis. On nous a annoncé que Monseigneur l'Evêque viendrait bientôt faire sa tournée pastorale dans notre arrondissement. On m'a promis que nous ferions un voyage ensemble pendant les vacances. J'ai acheté aujourd'hui même une douzaine de serviettes que je ferais ourler tout de suite si je pouvais trouver des ouvrières toutes prêtes. Les arts mécaniques firent en France plus de progrès depuis le commencement de ce siècle, qu'ils n'en avaient fait dans certains pays pendant le siècle précédent. Jusqu'au célèbre astronome Galilée, les hommes croyaient que le soleil tournait, et que c'était la terre qui était immobile.

EXERCICE 224°.

Condé pensait qu'un habile capitaine pouvait bien être vaincu, mais qu'il ne lui était pas permis d'être surpris. Où allâtes-vous aujourd'hui de si grand matin? Je vis hier le juge à qui vous m'avez chargé de parler de votre affaire. Je vous ai dit que la vertu n'était pas une vaine chimère, comme s'en plaignit Brutus avant de mour r. Il fond sur l'ennemi, le saisit d'une main vigoureuse et le renversa à terre. Qui aurait cru que vous eussiez consenti à faire votre fils militaire, et que lui-même s'y fût déterminé? Les astronomes ont annoncé qu'il y aurait une éclipse totale de soleil cette année On m'a dit que vous aviez fait un voyage à Paris la semaine dernière. La Motte avait coutume de dire que l'envie était un hommage maladroit que l'infériorité rendait au mérite. Je reçus ce matin même votre lettre. Malheur aux riches qui ont pu oublier qu'ils devaient aux pauvres une partie de leur fortune!

EMPLOI DES AUXILIAIRES.

(Voy. Gramm., depuis le n° 159 jusqu'au n° 164.)

Exercice 225e.

Les ennemis ont tombé dans une embuscade. Ces deux régiments ont revenu d'Afrique depuis un mo s seulement. Quand vous avez vu que la conversation tombait sur ce sujet, vous êtes paru inquiet, Les deux plus intéressants animaux de cette ménagerie sont péri par suite des fatigues du voyage. Avant même que nous fussions de retour, on savait déjà l'accident qui nous avait arrivé. De roi il a devenu berger. La lettre que je vous ai écrite, vous a-t-elle parvenu à temps? J'avais déjà monté plusieurs marches du grand escalier, lorsque, le pied m'ayant glissé tout à coup, je tombai par terre. Nous avons descendu ce vin à la cave. J'ai augmenté les gages de ce serviteur. Le blé est encore beaucoup augmenté hier au marché ; depuis six semaines, il était déjà augmenté d'un cinquième. A la bataille qui vient de se livrer, il a demeuré trois mille hommes sur le champ de bataille du côté des Russes, et trois cents seulement du côté des Turcs. Les eaux de la Loire, étant monté rapidement, ont inondé les fertiles campagnes de la Touraine. Molière est le plus grand poète comique qui soit paru en France.

Exercice 226e.

Les républiques ont presque toutes tombé de la liberté dans l'esclavage. Celui qui a revenu souvent sur ses promesses, cesse d'inspirer de la confiance. Les Français sont toujours passé du côté du péril, parce qu'ils sont sûrs d'y trouver la gloire. Depuis la fondation de Constantinople, la gloire de l'empire romain est déchu de jour en jour. En l'an soixante-dix-neuf, la ville d'Herculanum est disparue, ensevelie sous les laves du Vésuve. Les généraux alliés étaient convenus de ne point livrer bataille avant d'avoir reçu du renfort. Cette vaste plaine serait convenue pour y établir notre camp, si le terrain n'eût pas été marécageux. Nous avons demeuré quelque temps en Suisse pour admirer les merveilles de la nature. Combien de nuances délicates sont échappées aux traducteurs d'Horace et de Virgile ! Le sommeil est une trève conclue avec la douleur ; quand elle est expirée, les chagrins reviennent nous livrer combat. Micipsa ne fut pas plus tôt expiré, que Jugurtha fit voir que la politique ne compte pas la reconnaissance au nombre des vertus. Le Concile de Trente a resté assemblé pendant dix-huit ans. C'est par les Phéniciens que la mer a devenu le lien de la société entre les peuples de la terre. Il n'y a que les hommes qui sont passé par les épreuves de l'adversité, qui puissent savoir ce que c'est que le bonheur. Le mot qui t'a échappé est ton maître ; celui que tu retiens est ton esclave. Lorsque Charlemagne eut expiré, la France vit décroître rapidement sa puissance. (Chapsal.)

EXERCICE 227e.

La gloire des Turcs est bien déchue. Le soleil est disparu sous les nuages. Les Anglais ont resté maîtres de Calais jusqu'en l'année mil cinq cent cinquante-huit. La neige est disparue depuis longtemps. Les grands froids ont passés. Nos armées ont passé par la Champagne. La sincérité a souvent passé pour incivilité. Les cours de notre Faculté des lettres sont cessés le mois dernier. Voilà des outils qui m'auraient bien convenu; mais je n'ai pu m'accorder avec le marchand, et nous n'avons convenus d'aucun prix. Le consul Publius Cornélius Scipion fût tombé entre les mains des ennemis, si Publius Scipion, son fils, ne fût accouru à son secours. Les vices des gens obscurs, comme leurs vertus, sont échappés à l'histoire. J'ai eu tant d'affaires ce jour-là, que la vôtre m'a échappée. Il m'est échappé, dans la conversation, de dire que vous m'avez fait part de votre dessein. Les débordements du Nil fertilisent l'Egypte, surtout quand les eaux sont crûes progressivement. Les Portugais sont les premiers qui aient allé aux Indes. Les Chinois ont demeurés stationnaires dans la plupart des sciences. Octave, quand il eut arrivé à la dignité suprême, prit le nom d'Auguste, et changea de conduite en changeant de nom. Les vins sont beaucoup augmenté en deux jours. Quand on est arrivé au port, qu'il est doux de se rappeler les orages auxquels on est échappé !

CHAPITRE VI.

DU PARTICIPE.

I. — DU PARTICIPE PRÉSENT.

EXERCICE 228* (1).

Heureux les enfants aimant Dieu! — (GRAMM., n° 164.)

Sans les chameaux traversant les déserts avec la rapidité de l'éclair, la plupart des caravanes seraient ensevelies sous les sables mouvant. Les hommes entreprenant réussissent rarement, parce qu'ils ne sont presque jamais assez persévérant. Les Égyptiens ont été des hommes sages, cultivant toutes les sciences, et entreprenant les plus grandes choses. Il est difficile d'imposer silence aux peuples souffrant, murmurant contre des magistrats qui n'ont pas été assez prévoyant pour subvenir à leurs besoins pressant. Des essaims voltigeant et bourdonnant rendaient les champs plus riant, et dissipaient nos ennuis accablant. Que nous manque-t-il ici-bas ? Nous avons pour l'hiver des habits moelleux, garantissant nos membres contre les froids pénétrant ; dans les différentes saisons, nous trouvons des mets abondant, et chaque arbre produit en été des fruits rafraîchissant. Les hommes obligeant ont ordinairement le cœur noble et généreux. Les vents mugissant avec impétuosité et agitant avec fracas les sommets mouvant des bois environ-

(1) Voyez, pour d'autres exercices sur le participe paésent, les exercices déjà donnés page 48.

nant, annoncèrent un de ces orages terribles, désolant chaque année cette malheureuse contrée et menaçant de tout détruire. (Chapsal.)

Exercice 229e.

Périclès avait des manières et un langage insinuant; il captiva longtemps l'amitié des Athéniens, hommes changeant dans leurs affections. S'empressant autour de lui quand il montait à la tribune, et l'écoutant dans un respectueux silence, ils ne l'interrompaient jamais que pour applaudir aux mouvements entraînant de son éloquence. Les hommes obligeant par nécessité ou par force, trouvent rarement des cœurs reconnaissant. O mon Dieu, les hommes se sont abandonnés à des doutes outrageant; mais, reconnaissant aujourd'hui leur faute, ils en sont repentant et vous les voyez tremblant à vos pieds, et vous suppliant de leur pardonner. Le séjour des champs eut toujours pour moi des charmes; j'aime à voir les troupeaux errant en paix dans les vastes prairies; les brebis bêlant et leurs tendres agneaux bondissant auprès d'elles; la chèvre capricieuse grimpant sur les rochers escarpés, et broutant les plantes croissant parmi les buissons ou les bourgeons naissant de la ronce rampant. (Id.)

Exercice 230e.

Voyez cette vaste nappe d'eau dormant : quoiqu'elle n'ait aucun cours, les vents agitant sa surface, entretiennent sa pureté. Elle est loin de ressembler à ces marais croupissant, exhalant une odeur bitumineuse et fétide. Des poissons innombrables, vivant dans son sein, sont destinés à la table du maître. Deux barques, voguant à toutes voiles, et fuyant l'ouragan dont elles sont menacées, cherchent à gagner le bord.

Les vents soufflant avec force, mugissant dans les cordages, s'opposent à la manœuvre. Déjà les vagues, blanchissant d'écume, tracent sur l'onde de larges sillons. Des branches, des feuillages, emportés par un tourbillon, tombent dans l'étang, et forment des débris flottant sur les eaux. Les oiseaux timides, se rassemblant en troupes et volant d'une aile rapide; les animaux fuyant au hasard; les éclairs brillant par intervalle et sillonnant les flancs ténébreux du nuage; la foudre grondant sur nos têtes; la terre tremblant sous nos pieds; une pluie mêlée de grêle, tombant par torrents: voilà l'image terrible, effrayant, qui porte dans nos cœurs la consternation. Que vont devenir nos marins? hélas! s'ils l'avaient voulu, ils auraient évité leur sort. Une corneille, errant à pas lents sur le gravier, l'avait annoncé par ses cris sinistres. A l'instant où ils font leurs efforts pour baisser leurs voiles, voiles, mâts, cordages, tout est emporté. Leurs barques vacillant ont peine à conserver l'équilibre. Les vagues mugissant, s'élevant au-dessus de ces frêles embarcations, vont les engloutir. Cependant l'impétuosité du vent les pousse vers des roches menaçant qui ferment le bassin. Craignant de se voir briser, nos jeunes nautonniers, s'élançant à la fois, nageant avec ardeur, abordent sur le sable, tout dégouttant d'eau, défaillant, presque expirant de faiblesse et de fatigue. Les bateaux fracassés, les mâts, les voiles, poussés par le vent et flottant vers la rive, offrent le tableau d'un naufrage. (BESCHERELLE.)

II. — DU PARTICIPE PASSÉ.

EXERCICE 231e (1).

Heureux les enfants aimés de Dieu! — (GRAMM., nos 166.)

Au milieu des sables brûlants de l'Afrique, on

(1) Voyez, pour d'autres exercices, les exercices déjà donnés page 48.

trouve des contrées agréables traversé par des eaux courantes et tapissées de gazons toujours verts et toujours fleuris. Octave et Antoine, devenu maîtres de la République, parurent animé du désir de la vengeance. Une biche effrayé se leva devant nos chiens. Les places fortifié par Vauban sont au nombre de plus de trois cents. Les villes conquis par Louis XIV augmentèrent beaucoup le territoire de la France. Nos yeux charmé contemplaient cette magnifique terre d'Egypte, arrosé d'un nombre infini de canaux. Nous apercevions partout des cités opulentes, des maisons de campagne agréablement situé, des terres couvert d'une moisson doré, des laboureurs accablé sous le poids des fruits que la terre répand de son sein, des bergers couché à l'ombre des forêts et faisant paître tranquillement leurs troupeaux. La joie et l'abondance répandu partout, réjouissaient singulièrement nos regards. Que de bonnes œuvres opéré par le zèle de saint Vincent de Paul! Que d'enfants sauvé, que d'ames ramené au bien, que de pauvres soulagé, nourri, vêtu par ses soins! Que d'hôpitaux bâti pour les malades et les infirmes!

Exercice 232*.

La ville de Thèbes fut détruit par Alexandre, la maison de Pindare excepté. Passé les dix heures, je ne pourrai plus vous donner audience. Supposée la terre en mouvement, les phénomènes célestes s'expliquent avec la plus grande facilité. Excepté la garde impériale, tout le reste prit la fuite. La circulation du sang supposé, les médecins ont mieux compris l'économie animale. Ci-inclus deux lettres de change que vous toucherez à Amsterdam. Vue et approuvée l'écriture ci-dessus. La convention ci-dessus vu et approuvée comme elle l'est, vous n'avez rien à craindr

Mon enfant, comme je suis content de vous, je vous envoie ci-joints deux billets de banque de deux cents francs chacun. Ouïe les conclusions du rapport de M. l'avocat général, nous condamnons les sieurs X..... et Z..... à être incarcéré pendant deux ans. Cette grammaire, la préface et la table y compris, n'a que cent quatre-vingts pages. Votre mère n'a pu se mettre en route, attendu sa maladie. Passés deux jours, je ne vous attendrai plus. J'ai été à Paris ces jours passé. Les frais de ce procès, y compris la pièce ci-joint, sont de quatre-vingt-cinq francs. Les conclusions de la cour ouï, tout le monde se retira. Les habitants de Sodome et de Gomorrhe périrent, excepté Loth et sa famille.

Exercice 233e.

Ces enfants sont chéris de leurs maîtres. — (Gramm., n° 167.)

La haine de l'empereur Valérien contre la religion chrétienne ne fut point apaisé par la mort de saint Cyprien, évêque de Carthage. Il y eut encore, quelques mois après, une multitude de martyrs, parmi lesquels saint Montan et ses compagnons au nombre de huit, sont regardé comme les plus illustres. Nous avons encore la relation de leur martyre, qui fut commencé par eux-mêmes dans la prison, et qui fut achevée par un témoin oculaire. « Quand nous fûmes arrêté, disent les saints martyrs, nous apprîmes que nous devions être condamné à être brûlé vifs, et que l'exécution serait fixé au lendemain. Mais le lendemain, le gouverneur changea de résolution, et nous fûmes remi en prison. Le jour d'après, sur le soir, nous fûmes tout à coup enlevé par les soldats et conduit au palais, pour être interrogé. » Les réponses des saints martyrs furent fermes et dicté par l'esprit de Dieu lui-même. Enfin la sentence fut rendu. Ils étaient condamné à avoir la tête tranché. Comme on les conduisait au lieu où ils devaient être immolé, il s'y fit un grand concours de peuple ; les fidèles et les gentils y étaient accouru à l'envi. Les saints martyrs marchèrent au supplice d'un pas ferme et décidé ; leurs cœurs étaient embrasé de l'amour divin, et la joie la plus vive était peint sur leur visage, au point que les païens en étaient comme stupéfait. Ils eurent tous la tête tranché.

Exercice 234e.

Il y avait à Alexandrie une bibliothèque fameuse à l'entrée de laquelle étaient tracé ces mots : C'est ici qu'est le remède de l'ame. C'est en l'an mil quatre cent quarante qu'a été inventé l'imprimerie. C'est par Daniel que fut découvert la fraude. Que de nations furent converti par les apôtres ! Que d'églises furent fondée par saint Paul ! La flotte française a été battu et presque détruit par les Anglais près du cap de la Hogue. Les contrées du Levant sont souvent ravagé par la peste. Savez-vous ce qu'est devenu l'affaire dont étaient chargé ces deux avocats ? Les alliés auraient été vaincu à Waterloo, sans un malentendu du général Grouchy. La politesse a toujours été regardé comme le charme de la société. Les armées romaines ont été contraint de passer sous le joug aux Fourches Caudines. C'est dans cette prison qu'ont été transporté et que sont encore détenu les rebelles qui ont été saisi les armes à la main.

Exercice 235e.

Les saintes femmes étaient sorti de grand matin pour aller au sépulcre du Sauveur. Les Mages, ayant été averti en songe, s'en retournèrent par un autre chemin. L'empressement avec lequel les pauvres ont été secouru, prouve que la charité n'est pas éteint parmi nous. Jésus entra dans le cénacle où étaient réuni les Apôtres. Où sont situé les villes de Rome et d'Amsterdam? En quelle année ont été découvert les ruines d'Herculanum? Comme ces élèves sont fort instruit dans l'histoire, ils répondent facilement aux questions qui leur sont adressé. Pierre, Jacques et Jean étaient ébloui des rayons de lumière dont le Sauveur était environné sur le Thabor. La barque aurait été submergé et les disciples noyé, si les flots n'eussent été apaisé par la voix toute-puissante de Jésus. Les desseins de Catilina ayant été connu, ses complices furent arrêté, jeté en prison et bientôt après décapité.

Exercice 236e.

Dieu nous a exaucés. — (Gramm., n° 109.)

Les Macédoniens, sous la conduite d'Alexandre, ont subjugués d'immenses pays. Madame de Sévigné a écrit des lettres charmantes. Les tragédies que Corneille et Racine ont composé égalent celles de Sophocle et d'Euripide. Rien ne me flatte tant, disait le maréchal de Villars, que le nombre de prix que j'ai remporté au collége. Mon enfant, la tendresse que vous m'avez témoigné, vous a gagnée mon estime. Avez-vous lu les ouvrages de Cicéron que je vous ai prêté? La haute idée que nous avons conçu de ce peintre nous a engagé à lui confier l'exécution de ce tableau. Nous avons admirés en Hollande les digues qu'on a construit pour arrêter les flots de la mer et empêcher les inondations. Les défauts de Pierre-le-Grand ont terni les grandes qualités qu'il a montré et les grands talents qu'il a déployé. L'histoire que vous avez composé, je l'aurais lu plus tôt si j'en avais eu le temps; je vous remercie néanmoins de me l'avoir envoyé. Mon fils, que deviennent les promesses que vous m'avez fait? Vous les avez déjà oublié? Des brigands ont attaqué cette nuit deux voyageurs chargé d'argent? ils les ont frappé si cruellement qu'ils en sont mort ce matin. Combien avez-vous payé les œuvres complètes de Boileau? Nous les avons acheté quinze francs, et il y a six mois seulement, nous les aurions payé plus de vingt-cinq francs.

Exercice 237*.

Dieu, en introduisant les Israélites dans la terre promise, leur donna des villes qu'ils n'avaient point bâti, des puits qu'ils n'avaient point creusé, des vignes et des oliviers qu'ils n'avaient point planté. Jésus-Christ, jusqu'à la fin de sa vie, nous a donné des preuves de son amour: nous avons été lavé dans son sang, et nous sommes encore nourri de sa chair adorable. Que de malheureux ont péris de faim ou de froid dans le rigoureux hiver de 1709! Remercions le Seigneur des biens dont il nous a comblé. La plupart des empereurs romains dont vous avez lus la vie, étaient des monstres plutôt que des hommes. Mon enfant, les récompenses que vous avez obtenu et les éloges que vous a valu votre bonne conduite, doivent vous engager à mieux travailler encore à l'avenir. Votre mère et votre sœur que j'ai rencontré, lisaient ensemble la lettre qu'elles ont reçu de vous. Elles m'ont parlées avec beaucoup de joie des dispositions que vous avez manifesté de vous consacrer au service de Dieu et du prochain. Les peuples et les villes de la Grèce exposé aux invasions des barbares, furent plus d'une fois sauvé par le courage des Athéniens. La bataille qu'Antoine avait engagé contre Auguste, à Actium, il l'aurait peut-être gagné s'il n'eût préféré suivre Cléopâtre dans sa fuite La colère m'a toujours parue un vice bien déraisonnable. Les grandes choses qu'Alexandre a fait ont été écrites par Quinte-Curce.

EXERCICE 238e.

Les délices que saint Jean Chrysostôme avait goûté dans la solitude, lui revenaient sans cesse à l'esprit. On voit dans les discours qu'il a prononcés, combien la vie religieuse était estimé et chéri de ce grand homme. De qui avez-vous apprises les nouvelles que vous m'avez annoncé ? Est-ce de la rumeur publique, ou bien n'est-ce pas vous-même qui les avez fabriqué? L'orgue que nous avons entendue à Dijon n'est pas aussi beau que les orgues que nous avons entendu à l'église de Fribourg. Messieurs, j'exige que les devoirs que je vous ai dicté, soient fait en entier; autrement je me verrai avec regret forcé de punir ceux d'entre vous qui ne les auront pas achevé. Où êtes-vous allé, hier, dans la journée, vous et votre cous n? Je vous ai cherché pendant longtemps; plusieurs de mes amis et moi, nous étions convenu d'aller herboriser dans les montagnes, et je vous aurais prié de venir avec nous. Alexandre Sévère était digne de l'empire; le sénat, charmé des vertus du jeune prince, et délivré des craintes que lui avaient inspirés tant de cruels tyrans, faisait des vœux pour la durée de son règne. Combien de prix avez-vous eu ? Quelle place avez-vous obtenu dans la dernière composition?

EXERCICE 239e

Les grands hommes que Rome a produite ne l'emportent pas sur ceux qu'a produit la Grèce, Fabricius, il est vrai, coupait avec les racines et les herbes qu'il avait arraché en nettoyant son champ ; mais Aristide mourut si pauvre, qu'il ne put être enterré qu'aux frais de la République Quel spectacle est préférable à celui des heureux qu'on a fait! Les hommes qui ont le plus vécu ne sont pas ceux qui ont compté le plus d'années, mais ceux qui ont le mieux usé de celles que le ciel leur a départi. O Calypso, des vents contraires nous ont conduit dans votre île. Combien d'acheteurs n'avons-nous pas vu dans ce magasin ! Le duc de Bourgogne, petit-fils de Louis XIV, aurait rendu ses peuples heureux s'il eût régné. Messieurs, avez-vous vus les belles porcelaines que ce vaisseau a rapportées de la Chine? La bataille que les Français ont livrée à Azincourt a été perdu par leur faute. Avez-vous assistés aux fêtes que le prince a donné? On nous avait prié de venir à Paris ce jour-là. Quels concerts n'avons-nous pas entendu! Quelle magnificence n'avons-nous pas admiré ! Que de louanges n'a-t-on pas donné à la belle ordonnance du cortége! Démétrius de Phalère ayant été informé que les Athéniens avaient renversés ses statues : Ils n'ont pas, dit-il, renversé la vertu qui me les a dressé. J'admire les encouragements que Charlemagne a donné aux sciences et aux lettres.

Exercice 240*.

Les psaumes que David a composé, nous les avons trouvé si beaux, que nous les avons traduit en vers français. « Superbes montagnes, s'écrie le saint roi, qui vous a établi sur vos fondements? qui a élevé vos têtes jusqu'au-dessus des nues? Qui les a couronné de forêts verdoyantes? N'est-ce pas le Dieu par qui la terre a été faite et la mer a été créé? » Nos troupes passèrent par des chemins qu'on avait toujours cru impraticables. L'affaire dont vous m'avez parlée est très avancée. Comment vous peindre, mon cher enfant, les tourments que j'ai souffert, les dangers que j'ai couru? Je ne vous ai pas dit tous les jours que j'ai pleurés en secret. Les quelques années que Louis XVI a régné ont été l'époque de bien des malheurs. Les quelques pages que votre frère a étudié, ont été bien vite oubliées. Les quelques heures que vous avez dormis, n'ont-elles pas suffi pour réparer vos forces? Effaçons par un redoublement de travail les années que nous avons languis dans la torpeur et la paresse. Mon fils, vous n'avez pas oublié les soins que vous m'avez coûté depuis votre enfance. Que d'éloges n'a pas valu à Régulus sa conduite noble et généreuse! Malheurs aux hommes durs et impitoyables que n'ont jamais attendri les infortunes des autres! Babylone a été embelli par la reine Sémiramis.

Exercice 241*.

Les cruautés que Tibère et Néron ont exercé contre les chrétiens sont inouïes. La grandeur des exploits de César les a rendu presque incroyables. Varron commandait l'armée romaine qui fut vaincu par Annibal à la bataille de Cannes. Croyez-vous que les fruits que m'a rapporté ce jardin compensent les soins qu'il m'a coûté? La passion de la gloire chez les rois a souvent causé les plus grands maux au genre humain. Que d'amis j'ai déjà pleuré dans ma vie! Que de fois cette pauvre veuve n'a-t-elle pas pleuré en secret! Dans l'étude que nous avons fait du règne de Louis XIII, nous avons admirés les projets hardis que Richelieu a conçu et qu'il a exécuté, les règlements qu'il a établi pour l'Académie française qu'il a fondé, pour la Sorbonne qu'il a institué. Toutes les fois que Cicéron a parlées en public, il a soulevé les applaudissements de ses auditeurs. Les deux heures que nous avons courus à la poursuite de ce sanglier, nous ont horriblement fatigué. Combien d'éloges ne vous a pas valu votre générosité ! Combien de peines a coûté à Alexandre le désir de faire parler de lui !

Exercice 242°.

La robe que Notre-Seigneur avait porté, ne fut point divisé par les soldats. Epaminondas ne voulut point recevoir les présents que Xercès lui avait envoyé. Toutes les injures que lui avaient fait ses frères, tous les mauvais traitements qu'il en avait reçu, n'empêchèrent point Joseph de leur faire du bien. Esope, ayant obtenu sa liberté de Xantus, qui la lui avait souvent promis et toujours refusé jusqu'alors, se rendit à la cour de Crésus. Pourquoi les malheurs que le vice a souvent entraîné après soi n'ont-ils pas servis d'exemples aux hommes? Pygmalion, roi de Tyr, ne mangeait que des fruits qu'il avait cueilli lui-même dans son jardin, ou des légumes qu'il avait semé et qu'il avait fait cuire. Autant de batailles Napoléon a livré, autant il a gagné de victoires. Autant d'ouvrages Bossuet a composé, autant il a fait de chefs-d'œuvre. C'est sous la conduite de Publius Scipion que les Romains ont terminés si heureusement la seconde guerre punique. Tous les Grecs étaient fiers des victoires qu'Alexandre avait remporté sur les Perses. Dieu le père nous a créé, Dieu le Fils nous a racheté, Dieu le Saint-Esprit nous a sanctifié.

Exercice 243°

Avec quelle admirable pureté de style César n'a-t-il pas écrit ses *Commentaires ?* Le récit des batailles qu'il a livré, des rivières qu'il a franchi, des villes qu'il a assiégé et pris, rendent cet ouvrage extrêmement intéressant. Paul, où sont les lettres que je vous ai confié? Comment se fait-il que vous les ayez perdu? Pour nous consoler de nos innombrables misères, la nature nous a fait frivoles. Nourri à la campagne, dans un air sain et vigoureux, vos enfants y ont puisés une santé robuste. Les plantes que Dieu a créé dès le commencement, se sont reproduites d'elles-mêmes dans la suite. Pourquoi, mon cher ami, n'avez-vous pas observé les sages précautions que vous a prescrit votre médecin? vous voulez donc ruiner à fond une santé que le ciel vous avait donné si brillante et si vive! La mère et l'épouse de Darius furent consolé par Alexandre et Ephestion. Les tremblements de terre ont déjà détruits bien des villes en Italie. La plupart des colonies que les Espagnols avaient fondés en Amérique furent conquis par les Anglais ou se révoltèrent d'elles-mêmes contre la mère-patrie. Les provinces que la reine a autrefois édifié par sa piété et par les aumônes qu'elle y a répandue retentissent du bruit de ses louanges. Les pauvres qu'elle a secouru demandent à Dieu, pour elle, la miséricorde qu'elle leur a fait.

RÈGLES PARTICULIÈRES.

La lettre qu'ils se sont adressée. — Les chaleurs qu'il a fait. — La famine arriva comme Joseph l'avait prédit. — Les blés que j'ai vus grandir. — Voici de bons fruits, j'en ai acheté. — Le peu d'affection que vous avez témoigné à cet enfant. — (Gramm., depuis le n° 171 jusqu'au n° 178.)

Exercice 244e.

Les Français se sont toujours distingué dans l'art militaire. Titus et Trajan se sont immortalisé par leur bienfaisance ; mais il faut avouer qu'ils ont mérité de graves reproches sous bien des rapports. Les Spartiates se seraient cru déshonoré de prendre la fuite dans un combat. Notre ambassadeur et celui de Russie se sont parlés un instant à l'écart Quelle affaire se sont-ils communiqué ? Je l'ignore ; je sais seulement qu'ils se sont embrassé en se quittant et qu'ils se sont donnés des marques de l'amitié la plus grande. Parmi les rois qui se sont succédés sur le trône de France, saint Louis, Henri IV et Louis XIV doivent être regardé comme les plus capables. Sept villes se sont disputées l'honneur d'avoir vu naître Homère. Les conquérants se sont presque tous abandonné à un orgueil insupportable. Mon enfant, votre mère s'est acquise l'estime publique par la bonne éducation qu'elle vous a donné. A la bataille d'Eylau, les Russes et les Français se sont disputé longtemps le terrain.

EXERCICE 245e.

Dégoûté des grandeurs humaines, Catherine, reine de Suède, abdiqua la couronne, et, s'étant retiré à Rome, elle y embrassa la religion catholique. Les Athéniens s'étaient imaginé que les Syracusains seraient facilement vaincu par eux. Tant qu'ils ont vécu, Racine et Boileau se sont donnés des preuves de l'estime la plus sincère. Anne d'Autriche est une des plus grandes reines qu'il y ait eues. Les enfants que j'ai vus punir par leurs maîtres se sont plaints de cette sévérité ; mais tout le monde les a blâmé. Croiriez-vous que les oiseaux que j'ai laissés partir de leur cage, sont revenu d'eux-mêmes quelques instants après ? Que d'hommes on a vu tomber d'une haute fortune ! Ces arbres si beaux, nous les avons vu planter par votre aïeul il y a près de soixante ans. Les cloches que nous avons vus fondre ne sont pas aussi grosses que celles que nous avons entendus sonner à

Semur et à Sens. Votre mère, que j'ai vu pleurer, n'est pas encore consolé de la perte qu'elle a fait. La romance que j'ai entendue chanter m'a paru insignifiante.

Exercice 246*.

L'imprimerie que la ville de Mayence a vu naître, a contribué infiniment aux progrès que la civilisation a fait. La fièvre jaune qu'il y a eue en Espagne en 1821, a fait bien des ravages; plusieurs médecins français se sont dévoué, avec un zèle digne de tout éloge, au soulagement des malheureux Espagnols. On se souvient des froids qu'il a faits sous le règne de Louis XVI, des malheurs qu'il y a eus. Les tremblements de terre qu'il y a eus dans notre colonie de la Guadeloupe, ont faits périr bien des personnes. Les révoltes qu'il y a eu sous Louis XIII, ont été étouffé par la fermeté du cardinal de Richelieu, son ministre. Habitants, c'est le champ qui vous a nourri, c'est le toit qui vous a vu naître que vous défendez.

Exercice 247*.

Ces raisins sont excellents, en avez-vous goûtés? Autant Vauban a assiégé de villes, autant il en a pris. Que j'ai d'envie, mon cher enfant, de recevoir de vos lettres! voilà plus d'un mois que je n'en ai reçue? Avez-vous entendu parler des fameuses mines d'or du Pérou? Vous ne sauriez croire toutes les richesses que l'Espagne en a tiré. Elle s'en est servie pour augmenter sa puissance sous Charles-Quint et sous Philippe II. Les pluies continuelles qu'il a fait pendant l'hiver ont causées toutes les maladies qu'il y a eues au printemps suivant. Quelles leçons nous aurions perdus si Cicéron et Fénélon ne s'étaient pas livré à l'étude de la sagesse! Brunehaut et Frédégonde se sont reproché leurs crimes. Votre mère que j'ai vu peindre n'est pas du tout ressemblante. J'avais deux fils, ma plus belle espérance, je les ai vu mourir à mes côtés.

EXERCICE 248e.

Trois fils de Catherine de Médicis se sont succédés sur le trône : ce sont François II, Charles IX et Henri III. Les secours que vous aviez prétendus que j'obtiendrais, ont été illusoires. Louis XI fit taire ceux qu'il avait fait si bien parler. L'histoire d'Espagne est moins intéressante que je ne l'avais pensée. J'ai vendu les terres que je possédais dans votre département; j'ai employé les sommes que j'en ai reçu à payer la maison que j'ai faite bâtir dans mon nouveau domaine. Que de jeunes gens se sont laissé égarer par de mauvais conseils ! Si Pyrrhus eût écouté les avis de Cinéas, il aurait fait moins de fautes qu'il n'en a commises. Corneille a composé lui seul plus de tragédies que d'autres n'en ont lus. Notre traversée fut aussi heureuse que nous l'avions présumée; et quant à la fertilité de l'île, nous ne nous sommes pas trompé dans l'espérance que nous en avions conçue. Mon fils, payez toujours exactement les ouvriers que vous avez faits travailler. Les mauvaises herbes que vous avez laissées croître ont étouffées les jeunes arbres que vous aviez fait planter. Vos sœurs, que j'ai vu peindre, travaillent admirablement et imitent parfaitement les modèles que leur maître leur a donnés à copier.

EXERCICE 249e.

La foi que les Romains et les Juifs s'étaient jurés, est rapporté dans le livre des Machabées. L'homme n'a guère de maux que ceux qu'il s'est attiré lui-même. Quand Jugurtha eut enfermé une armée romaine et qu'il l'eut laissé aller sous la foi d'un traité, on se servit contre lui des troupes mêmes qu'il avait sauvé. Votre entreprise a-t-elle produite les avantages que vous en aviez espéré? Madame de Sévigné a écrit plus de lettres que d'autres n'en ont lu. Sous Pisistrate, les Athéniens se sont trouvé asservi sans s'en être aperçu. Les écrivains du XVIIe siècle ont comblé Louis XIV de louanges pompeuses : on les en a quelquefois blâmé; mais Horace et Virgile en ont prodigué bien plus à Auguste, qui les avait peut-être moins mérité. La Fête-Dieu est la plus belle qu'il y ait jamais eue. François Mansard est un des plus grands architectes qu'ait eu la France. Vous m'aviez promis de m'envoyer de Lyon de belles soieries, je n'en ai point encore reçues. Cette petite fille a remportée tous les premiers prix de sa pension; la joie que sa mère en a éprouvé est bien légitime. Salomon a obtenu de Dieu plus de richesses qu'il n'en avait désiré: il n'avait demandé que la sagesse, et avec elle lui furent donné par surcroît tous les biens de la terre.

Exercice 250e.

Le peu de science qui s'était conservé après la conquête de l'empire romain par les barbares, était renfermé dans les cloîtres. La comédie que vous avez vu jouer à vos condisciples, vous a-t-elle plue? La témérité que Clitus avait eû de contredire Alexandre, lui devint funeste. J'ai refait dans mon ouvrage tous les passages que vous avez bien voulus me signaler. Les derniers ouvriers que le père de famille a envoyé travailler dans sa vigne, ont été aussi généreusement récompensé que les premiers. Ceux qu'on avait entendu blâmer le plus hautement les mesures prises par le ministre, y ont ensuite applaudi avec plus d'ardeur que les autres. A combien montait la somme que vous ai vue compter par le banquier? Mes enfants, souvenez-vous de la peine que vos parents ont eu à vous élever; aimez-les donc toujours. Les enfants qu'on a habitué à craindre les ténèbres se sont rarement guéri de la peur qu'on leur en a faite. Sous Octave et Antoine, les vengeances particulières firent périr beaucoup plus de citoyens que les triumvirs n'en avaient condamnés. Cassius, naturellement fier et impérieux, ne cherchait dans la perte de César que la vengeance de quelques injures qu'il en avait reçu. On a eu pour votre âge et pour votre faiblesse tous les égards qu'on a dûs.

EXERCICE 251e.

Qui ne sait combien de trésors il en a coûtés à la France pour payer les alliés et les éloigner de son sein! Les maximes de vertu que j'ai tâchées de vous inspirer, doivent vous servir de règle. La maison qu'on avait commencé de construire dans cette rue, a été démoli. Grâce à un travail assidu, je mis bien vite à profit le peu de dispositions que le ciel m'avait donné, et le succès couronna mes efforts. La vigne que j'ai fait planter m'a rapportée de bons raisins. Il s'est fait plusieurs miracles au tombeau de ce saint. Les écueils qu'il y a eus à éviter ont beaucoup retardé la marche de nos flottes. La lettre que j'ai fait écrire à votre père, il me l'a renvoyé. Les mathématiques que vous n'avez pas voulues que j'étudiasse, me seront pourtant un jour nécessaires. La grâce que Dieu nous a fait de nous tirer de l'idolâtrie devrait nous rendre éternellement reconnaissant. Voici des graines de fleurs nouvelles; j'en ai semées dans mon jardin. Le peu de bonne volonté que vous avez témoigné au Seigneur, a suffi pour vous mériter la grâce de la conversion. Les ennemis que nos troupes ont contraint de mettre bas les armes, on les a amené en France, et o les a fait partir pour les contrées du nord. C'est bien la conduite noble et généreuse que j'ai supposé qu vous tiendriez ; je vous en félicite.

EXERCICE 252e.

N'avez-vous pas trouvée la vie de saint Grégoire d Nazianze aussi intéressante que je vous l'ai dite? Qu homme a eu une ame plus sensible? Quels efforts n'a t-il pas fait, que de peines ne s'est-il pas donné que d'humiliations ne lui en a-t-il pas coûté pour ré tablir la foi orthodoxe à Constantinople! Les troupe qu'on avait faites marcher du côté de la Suisse ont reç l'ordre de s'arrêter. L'histoire de Charles XII qu vous m'avez conseillée de lire, est bien écrite et m beaucoup plue. Avez-vous vu les palais que Louis XI a fait bâtir à Versailles et à Marly? Animé du dés de la perfection, sainte Paule et sa fille, s'étant fa religieuses, vinrent se fixer à Bethléem. C'est là qu'a près avoir vécu saintement sur la terre, elles allèren recevoir dans le ciel la couronne que leur avaient mé rité leurs vertus. Les livres que vous avez voulus qu je laissasse lire à vos enfants, les ont dégoûté de tout occupation sérieuse. L'histoire de France est plu intéressante que je ne l'avais crue. Les campagne qu'ont fait Turenne et Condé seront à jamais célè bres. Messieurs, vos raisons, que vous avez crus que le juges approuveraient, ne sont pas aussi bonnes qu vous vous l'êtes imaginé et que vous l'avez fait croire votre avocat. L'histoire que je vous ai donnée à lire es fort intéressante.

EXERCICE 253e.

L'Espagne n'est pas aussi peuplée que vous vous l'êtes imaginée : elle n'a que quinze ou vingt millions d'habitants. L'espérance que Napoléon avait conçu de s'échapper de Sainte-Hélène ne se réalisa pas. Tous les écrivains se sont plus à reconnaître dans Charlemagne un des plus grands hommes qui aient parus. tyrans, quelles qu'aient été les cruautés que vous ayez exercés contre les chrétiens, ils se sont ri de vous et de vos tourments. Profitons pour le bien du peu d'instants que la nature nous a donné à vivre. Mes amis, étudiez la langue grecque ; croyez-moi, elle n'est pas aussi difficile que vous l'avez cru jusqu'ici. Nous avons donnés à ce malade tous les soins qu'il a fallus. Tant que la France vivra, on louera la magnificence de Louis XIV, qui a protégé les arts que François Ier avait faits naître. Les soldats qui se sont révolté contre leur général, se sont bientôt repenti de leur faute. Les embarras que j'ai sus que vous aviez ont accéléré mon départ. Les chaleurs qu'il a faites dans le Midi, il y en a eu de semblables cette année dans le Nord.

EXERCICE 254e.

C'est la vertu de saint Vincent de Paul, ainsi que son dévouement, que tout le monde a loué. Les commissions qu'on m'a donnés, les visites que j'ai eu à faire, m'ont empêché de me rendre chez vous à l'heure que je vous avais indiqué. Ne pas écrire correctement, c'est dévoiler le peu d'éducation qu'on a reçue. Une année passée dans les plaisirs ne vaut pas une seule heure qu'on a sue employer au travail ou à la pratique de la vertu. N'est-il pas vrai que cette langue que vous vous êtes maintenant rendus familière est plus douce, plus harmonieuse que la plupart des langues de l'Europe que vous avez pu étudier Néron, une fois maître du souverain pouvoir, a fa tous les maux qu'il a pu et a commis toutes le cruautés qu'il a voulues. Comment ne me plain drais-je pas des fautes que votre étourderie vou a faite faire dans la partition de musique que vous ave cue à copier ?

EXERCICE 255e.

L'usage des cloches est chez les Chinois de la plu haute antiquité ; nous n'en avons eus en France qu'a VIe siècle de notre ère. Plus d'un siècle avant Homère la savante Daphné s'était faite admirer à Delphes pa ses poésies, qu'on accuse Homère d'avoir supprimé après en avoir tiré le précis de l'Iliade et de l'Odyssée Les différends qu'il y a eus entre Bossuet et Fénélo ont excité un vif intérêt. Quelle soumission l'arche vêque de Cambrai n'a-t-il pas montré, lorsque l Souverain Pontife eut condamné les propositions qu'i avait avancé dans son ouvrage ! Le peu de soldat qu'avait conservé avec lui Gédéon, ne l'empêch pas de défaire les Madianites. Combien de fois, Mes sieurs, ne vous ai-je pas blâmé du peu d'attention qu vous avez donnée à vos compositions ! Que de difficulté n'auriez-vous pas surmonté, si vous aviez été plu attentifs ! Le peu de jours que j'ai passé à l campagne m'ont parus bien courts. Alexandre a détrui plus de villes qu'il n'en a fondé. Tel est l'attachemen naturel des hommes pour le sol qui les a vu naître ; te est leur mépris pour les dangers auxquels ils son accoutumé, qu'on relève aujourd'hui les habitation que l'éruption du mont Etna a fait écrouler dans l Calabre, et que l'on reconstruit la ville de Catane su les montagnes de lave qui l'avaient englouti. Mo ami, les propos que vous avez tenu dans cette so ciété dénotent le peu d'éducation que vous avez reçue

Voyez-vous ce petit capricieux? sa mère lui a accordée toutes les faveurs qu'il a voulues, elle lui a acheté tous les joujoux qu'il a désirés d'avoir, et il n'est pas encore content. Que de beaux préceptes saint Paul ne nous a-t-il pas donné! Autant il a montré de foi dans ses Epîtres, autant il en a fait paraître sous le fer des tyrans. Mes amis, la conduite que j'avais supposée que vous tiendriez, vous l'avez tenue, et vous en avez été blâmé. Avez-vous trouvé la rivière aussi froide que vous l'aviez crue? et les bains vous ont-ils procurés la guérison que vous vous en étiez promis?

Exercice 256*.

Toutes les peines qu'avait coûtée aux Ptolémées la fameuse bibliothèque d'Alexandrie, furent perdu en un instant par la destruction de ce riche trésor. Saint Louis, que sa sagesse avait fait choisir pour arbitre par Henri III et par les barons, leur a rendus la justice qu'ils en avaient attendu. Je me rappellerai toujours les malheurs que mon imprudence m'a coûtée et les disgrâces qu'elle m'a value. Ces généraux se sont laissés entraîner par leur ardeur; malgré la défense qu'on leur avait entendue faire à eux-mêmes d'aller plus avant, ils ont continués à poursuivre les fuyards. Madame, les chagrins que nous avions prévus que la conduite de votre enfant vous donnerait, ont forcés ses maîtres à vous taire une circonstance affligeante que nous avons crus que vous deviez ignorer. Cette personne est toujours la même que je l'ai connu il y a dix ans. La véritable vertu n'est pas, comme vous l'avez crue, triste et sévère, mais au contraire pleine de gaieté et d'indulgence. A quoi attribue-t-on le renvoi de ce haut magistrat? N'est-ce pas au peu d'aptitude qu'il a apportée à ses devoirs? Si vous voulez réussir dans vos études, prenez-y-vous de la manière que je vous l'ai dite. Les froids qu'il a faits au printemps dernier ont beaucoup nuis aux fleurs et ont fait tomber plus de bourgeons qu'il n'en est resté. Le peu de graine de tulipe que j'ai semé, a suffi pour en peupler mon jardin. Que de peines j'ai eu pendant cet été ! Louis XI, captif à Péronne, eut tout le temps de détester sa perfidie et de reconnaître que le peu de prudence qu'il avait eue l'avait précipité dans cette affaire. La tour qu'il apercevait de ses fenêtres, lui rappelait les jours que Charles-le-Simple avait vécus dans cette prison.

***RÉCAPITULATION** sur toutes les règles des participes soit présents soit passés.* — (GRAMM., depuis le nº 164 jusqu'au nº 178.)

EXERCICE 257e.

Que d'ames chancelant retenue dans le devoir par la force du bon exemple ! Mais aussi que de faibles entraîné, que d'ames précipité dans le mal par le scandale ! Au siége de Jérusalem, une femme fut surprise égorgeante son enfant pour en manger la chair. Les Arabes ont le visage et le corps brûlé par l'ardeur du soleil. Quand Mazarin fut premier ministre, il trouva la France triomphante par la valeur du grand Condé. Il n'est que trop vrai qu'il y a eu des peuples chez qui les sacrifices humains étaient en usage ; je vous en ai cités plusieurs, tels que les Gaulois et les Carthaginois. Voilà l'urne où sont renfermé les cendres d'Hippias. Que de palais détruit, de trônes renversé ! Que de lauriers flétri, que de sceptres brisé ! Avez-vous vus les belles choses que j'ai gagné à la loterie? c'est d'abord un nécessaire en acajou, ensuite une pendule assez belle, et enfin deux montres qu'on a acheté fort cher et qu'on a faites venir d'Angleterre. Les philosophes du XVIIIe siècle se sont plus à défigurer la vérité ; ils se sont ri des croyances les plus respectables ; et, après avoir joué pendant toute leur vie le rôle d'incrédules, ils ont tous faits comme les autres hommes : quand l'heure de la mort est arrivé, ils ont cherchés dans la religion qu'ils avaient méprisé, les consolations que ne leur offrait point leur vaine philosophie. Les loups hurlants sans cesse vont çà et là cherchants leur proie.

Exercice 258°.

L'opiniâtreté de Pharaon fut cause que l'Egypte fut frappé de plaies horribles. Dieu se servira envers nous de la même mesure dont nous nous serons servi envers les autres. Régulus, par qui les Carthaginois avaient d'abord été vaincu, fut vaincu lui-même par Xantippe. Saint Jérôme croyait entendre à chaque instant la trompette retentissant du jugement dernier. Les monstres marins que nous avons vu, étaient dégoûtant de difformité et tout dégouttant d'eau. Quand la femelle de l'ours a perdue ses petits, elle annonce sa douleur par des cris perçants ; elle est triste et gémissant ; c'est une mère pleurant ses petits. A peine l'orateur eut-il commencé à parler, que les cœurs se sont attendri et que tous les yeux ont versés des larmes. Ces livres si intéressant, de qui les avez-vous reçu ? Il court ici des bruits alarmant. Le fer est émoussé, les bûchers sont éteint. L'innocence et la vertu sont souvent opprimé. Beaucoup de héros ont subjugué des provinces, mais peu ont réprimé leurs passions et se sont vaincu eux-mêmes.

Exercice 259°

Deux paysans avaient été chargé, par les habitants de leur village, de faire faire pour le maître autel de leur église un tableau représentant le martyre des saints Gervais et Protais, patrons de la paroisse. S'étant donc rendu à la ville, ils choisirent un des peintres les plus renommé. Ils partaient, lorsque le peintre auquel ils s'étaient adressé, leur demanda comment ils voulaient leur tableau, s'il fallait que les saints fussent représenté en vie, ou si au contraire on devait les représenter mort. Nos hommes furent fort embarrassé par cette question; enfin, après avoir longtemps réfléchis, l'un deux, comme frappé d'un trait de lumière, dit: Le plus sûr est de les représenter en vie; car si on les veut mort, on pourra toujours les tuer.—Un homme de peu d'esprit avait reçu une cruche d'excellent vin qu'un de ses amis lui avait envoyé. L'ayant cacheté soigneusement, il la mit dans un coin séparé. Quelque temps après il l'ouvrit, en présence de deux amis qu'il avait invité. Quelle ne fut pas sa surprise de trouver sa cruche à moitié vidé ! C'était son domestique qui en avait ainsi bue la plus grande partie, après avoir pratiqué une ouverture par dessous. Comme notre homme s'évertuait à chercher la cause de cette diminution, sans pouvoir y parvenir, ses amis lui ayant fait remarquer qu'on devait avoir tiré le vin par dessous : Eh ! non, leur dit-il, vous voyez bien que ce n'est pas par dessous qu'il en manque, mais par dessus.

Exercice 260e.

O Télémaque ! craignez de tomber entre les mains de Pygmalion, notre roi. Il les a trempé, ces mains cruelles, dans le sang de Sichée, mari de Didon, sa sœur. Didon, pleine du désir de la vengeance, s'est sauvé de Tyr avec plusieurs vaisseaux. La plupart de ceux qui aiment la vertu et la liberté l'ont suivi. Elle a fondée sur la côte d'Afrique une superbe ville qu'on nomme Carthage. La gloire de Tyr est bien obscurci.

Oh ! si vous l'aviez vu, mon cher Télémaque, avant le règne de Pygmalion, vous auriez été bien plus étonnés. O malheureuse Tyr ! en quelles mains es-tu tombé ! Voyez-vous comme au printemps toute la nature s'est renouvelé ? Déjà sont revenu dans nos climats ces oiseaux qu'en avait chassé le rigoureux hiver. Notre Seigneur a dit : Il y en a beaucoup d'appelé, mais peu d'élu. Nous nous sommes repenti de nos fautes, et Dieu nous les a pardonné. Votre mère est une personne accommodant les affaires les plus épineuses. Marie de Médicis, longtemps errant, mourut à Cologne dans la pauvreté. Les peuples errant doivent être les derniers qui aient écrit. De quoi vous êtes-vous entretenu hier, vous et votre frère ? Des actions, vous en avez tant faites pour le monde !

Exercice 261e.

Une multitude immense que la curiosité avait attiré se pressait dans l'enceinte du forum. La terreur avait glacée tous les courages, et ces Romains qui s'étaient montré si indociles au joug, et qu'on avait vu braver tant de fois la mort, courbaient honteusement la tête devant la tyrannie des décemvirs. Appius et ses satellites ont reculés les bornes de leur autorité, et ils s'en sont servi, ou plutôt ils en ont abusés, pour substituer aux lois la violence la plus excessive. Ils se sont laissé aller à la fougue de leurs passions, ou, pour mieux dire, ils se sont laissé entraîner dans tous les désordres que produisent les passions les plus déréglé. Parmi les victimes que la cruauté d'Appius a désigné, se trouve Virginie, fille d'un centurion romain. Sa beauté, son innocence, n'ont point fléchies le cruel décemvir; rien ne saurait faire naître dans son cœur un mouvement généreux, ni les services que le père de cette infortunée à rendu à Rome, ni les ennemis qu'il a vaincu, ni les blessures qu'il en a reçu, ni les combats où sa vaillance s'est signalé, ni enfin les récompenses honorables que lui ont valu ses exploits,

EXERCICE 262e.

Virginie, debout et tremblant, attend dans les angoisses de la mort le destin qui lui est réservé. Cependant un cri de joie lui échappe : elle a reconnue la voix de son père. A peine avait-il été informé de la résolution qu'Appius avait formé de réduire sa fille à l'esclavage, qu'il avait quitté l'armée pour voler à son secours. Comment peindre l'inquiétude qui s'était emparé de ses esprits, et la force d'ame qu'il lui avait fallue pour ne point succomber à la douleur qui déchirait son cœur ! Enfin il arrive, et aussitôt la foule s'est empressé de le laisser passer. A sa vue le tyran frissonne, ses yeux sont baissé, étonné lui-même de la honte qu'il a senti rougir son front criminel ; mais bientôt une apparente tranquillité a succédé à la crainte qui s'était montré un moment sur son visage. « Que veux-tu ? dit-il d'un air assuré. — Ma fille, répond ce père malheureux, celle que le ciel a fait l'unique soutien de ma vieillesse. » A ces mots, il s'approche de Virginie, et leurs ames sont confondue dans les embrassements et dans les sanglots. « Licteurs, s'écrie le décemvir, que cette esclave soit livré à son maître. » Virginie, éperdu de douleur, est tombé presque inanimé sur le sein de Virginius. Ce malheureux père entraîne sa fille loin de la foule, sous prétexte de lui adresser un dernier adieu, et lui plonge dans le cœur une arme meurtrière que le hasard avait faite tomber sous sa main.

EXERCICE 263e.

Un grand nombre de Siciliens que le préteur Verrès avait dépouillé de leurs biens, s'étant adressé à Cicéron et l'ayant priés de leur faire rendre la justice qui leur était du, celui-ci parla si éloquemment en leur faveur, que Verrès, craignant les châtiments qu'il avait mérité, s'exila volontairement. L'histoire de la révolution française, que vous avez crue que nous ne comprendrions pas, nous a au contraire beaucoup intéressé. Les cadeaux que vous avez prétendus que je recevrais pour mes étrennes, où sont-ils donc? je n'en ai point encore reçus. Combien de sagesse et de force d'ame n'a-t-il pas fallu à Bonaparte pour réprimer et détruire même la révolution? Il n'est que trop ordinaire aux personnes à qui le ciel a donné de l'esprit et de la vivacité d'abuser des grâces qu'elles en ont reçu. Tout le monde vous a offert des services, dites-vous, et personne peut-être ne vous en a rendu. Alexandre a fondé moins de villes qu'il n'en a détruites. Les Russes sont venu tard, et ayant introduits chez eux les arts tout perfectionné, il est arrivé qu'ils ont fait plus de progrès en cinquante ans, qu'aucune autre nation n'en avait faits en cinq cents ans. Combien de sangliers avez-vous tué dans votre chasse?

Exercice 264e.

Avez-vous lue l'oraison funèbre que Bossuet a composé pour la mort de la reine Henriette d'Angleterre? N'en avez-vous pas admiré la beauté? N'avez-vous pas été frappés comme nous de ce style hardi, de ces images vives que l'orateur a sues employer pour peindre les tourmentes révolutionnaires qui ont agité la vie de cette princesse? Ces généraux que toute la France s'était plue à regarder comme très habiles, n'ont pas su profiter des avantages qu'ils avaient obtenu. On a loué ces messieurs de la prudence qu'ils ont montré dans cette affaire.

Exercice 265*.

Autant d'obstacles il y a eu au succès de votre affaire, autant votre avocat en a surmonté. Je n'ai point trouvé les paysages de la Suisse au-dessous de la description que vous m'en aviez fait. Lors du massacre de la Saint-Barthélemy, le gouverneur de Bayonne écrivit à Charles IX la lettre suivante, qui mérite bien d'être transmis à la postérité : « Sire, les ordres que j'ai reçu de Votre Majesté de faire mourir tous les protestants qui sont confiés à ma garde, m'ont parus suspects. Je respecte trop Votre Majesté pour ne pas croire que les lettres qu'on m'a envoyé sont supposé ; et si, ce qu'à Dieu ne plaise, c'est Votre Majesté qui a dictée cet arrêt cruel, je la respecte trop pour lui obéir. » Alexandre-le-Grand prenait plaisir à replacer sur le trône les princes qu'il en avait renversé.

Exercice 266*.

J'ai connu l'intérieur des familles, a dit un écrivain célèbre, je n'en ai guère vu qui ne fussent plongé dans l'amertume. Telle fut la reine dans tout le cours de sa vie. Dieu l'avait élevé sur le trône, afin qu'elle honorât la religion, et uni au plus grand roi du monde, afin que sa vertu fût plus regardé ; elle suivit sa vocation ; jamais vie ne s'est montré plus régulière ni plus approuvé. Est-il échappée quelque indiscrétion à sa jeunesse ? A-t-elle aimé qu'on la louât contre la vérité ou qu'on la divertît aux dépens de la charité chrétienne ? A quelle espèce de ses devoirs publics ou particuliers, de religion ou domestiques a-t-elle manquée ? C'est l'affection, l'amour que Louis XII a montré pour son peuple qui lui ont mérité le surnom de Père du peuple. Que d'obstacles n'a pas surmont

Henri IV ! Que de fatigues n'a-t-il pas essuyé avant de monter sur le trône ! Les lettres que madame de Maintenon a écrite, nous les avons trouvé moins assaisonnée d'esprit que celles de madame de Sévigné, mais peut-être plus solides. Sous la révolution, beaucoup de personnes se sont vu dépouiller de richesses qu'elles avaient légitimement acquis. Ces soldats blessé guériront-ils ? Leurs membres, se les ont-ils senti couper ? L'opération a-t-elle été bien faite par les chirurgiens qui s'en sont chargé ?

EXERCICE 267*.

La question de littérature que nous nous sommes abstenue de décider, vient d'être traitée par un savant devant toute l'académie. Comme la séance nous a parue un peu longue, Victor et moi, nous nous en sommes allé sans attendre la fin. Voici des tableaux parlant. J'ai toujours vu ceux qui voyageaient dans de bonnes voitures, rêveurs, tristes, grondeur ou souffrant. Votre mère inspire le plus tendre intérêt : on la voit si souffrant et en même temps si prévenant qu'on ne peut s'empêcher de la plaindre et de l'admirer. Les enfants que j'ai vu courir dans la rue m'ont rappelé mon jeune âge. La statue que j'ai vu sculpter par cet artiste représente saint Bernard. L'élégie que j'ai vu composer, et que j'ai entendu réciter à ce poète m'a paru valoir le temps qu'il a mis à la composer, c'est-à-dire peu de chose. Les remèdes qu'on a donné à cette personne pour la guérir, l'ont au contraire fait mourir. Avez-vous fait à vos hôtes toutes les politesses que vous avez dû ? Rappelez-vous, Athéniens, les humiliations qu'il vous en a coûtées pour vous être laissé égarer par vos orateurs.

Exercice 208e.

Autant le célèbre Jean Bart a rencontré de vaisseaux anglais, autant il en a attaqué et battu. Les éloges qu'ont valu à Catinat ses grands talents, ont encore été effacé par ceux que lui a valu sa modestie. L'éruption du Vésuve est un des spectacles que la nature s'est réservé de montrer seule à l'admiration de l'homme. Pénélope, ne voyant revenir ni lui, ni moi, n'aura pu résister à tant de prétendants; son père l'aura contraint d'accepter un nouvel époux. Mon fils, les plaisirs que vous vous êtes interdit ne pourront que vous rendre plus apte aux études. Les ambassadeurs que le roi de Perse avait envoyé pour demander la terre et l'eau furent mal reçu chez les Athéniens et chez les Lacédémoniens : ils furent précipités dans un puits, et on leur dit de prendre là l'eau et la terre dont ils avaient besoin. Ne vous avais-je pas averti des piéges qu'on vous avait tendu ? Les immenses richesses que Crassus avait amassé, lui avaient donné une grande influence dans les affaires. Nos soldats ont repoussés les ennemis de dessus les remparts. Colbert eut à réparer les maux qu'avait causé le règne orageux de Louis XIII. Les moutons que vous avez laissé paître dans ce pâturage dangereux, ont péris. Les livres que j'ai ordonné qu'on apportât ici, où sont-ils ? Les troupes qu'on a contraint de partir par ce mauvais temps se sont plaint de la sévérité de la discipline. C'est un de mes plus beaux meubles qu'on m'a brisé. La lecture que vous avez soupçonné que je haïssais, fait au contraire toutes mes délices. Le peu de difficultés que vous avez déjà vaincu dans vos études, vous rendra plus faciles celles qu'il vous reste à vaincre.

Exercice 269e.

D'où vient, dis-je à Narbal, que les Tyriens se sont rendus les maîtres du commerce de toute la terre? Télémaque s'avança vers les rois justes qui étaient dans des bocages odoriférant, toujours renaissant et fleuri; mille petits ruisseaux d'une onde pure, arrosant ces beaux lieux, y faisaient sentir une délicieuse fraîcheur. Les hymnes que nous avons entendu chanter, nous ont paru belles : c'est Santeuil qui les a composé. Les orages qu'il a fait, les pluies qui sont tombé, les chaleurs excessives qu'il y a eu ensuite ont gâté les moissons que vous avez vu croître si belles et si vigoureuses, il y a seulement un mois. Ce qui consterna le plus Télémaque, fut de voir dans cet abîme de ténèbres et de maux un grand nombre de rois qui avaient passés sur la terre pour des rois assez bons; ils avaient été condamné aux peines du Tartare pour s'être laissé gouverner par des hommes méchants et artificieux. Ils étaient punis pour les maux qu'ils avaient laissé faire par leur autorité. La plupart de ces rois ne s'étaient montré ni bons ni méchants, tant leur faiblesse avait été grande. Comment trouvez-vous ces fruits? en avez-vous goûté? Si ces arbres m'avaient appartenu, j'en aurais beaucoup arraché, et je les aurais fait remplacer par d'autres plus jeunes.

Exercice 270e.

Le peu de pays que j'ai parcouru, a suffi pour me convaincre que la France est une des plus riches contrées de l'Europe. Apportez-moi, Messieurs, les pages que je vous ai donné à écrire? Est-ce de Florian ou de La Fontaine? J'aime beaucoup mon village : il n'est peuplé que de bons paysans et de quelques bourgeois vivants de leur fortune. Les uns et les autres sont des gens honnêtes, complaisants, prévenants et se conduisant chrétiennement. L'hospice des Quinze-Vingts est une des plus belles fondations qu'ait enfanté le règne de saint Louis. J'ai laissés à mon jardinier le peu de fruits que j'ai récolté cette année. La veille de la bataille de Vouillé, gagné par Clovis sur les Visigoths, les drapeaux des Français furent béni par l'évêque saint Remi. Les sages préceptes que les anciens nous ont laissé à étudier, devraient servir de règle à tous nos écrivains. Savez-vous que les dangers que vous avez eu à courir ont été beaucoup plus grands que vous ne l'avez cru? Les grands édifices que le gouvernement a résolu de construire, embelliront singulièrement la capitale. Que de pays nous aurions parcouru, si la guerre ne nous en eût empêché! Vos cousins se sont proposé pour nous accompagner, et ils se sont proposé de venir avec nous jusqu'à Venise. Combien de pères tremblant de déplaire à leurs enfants, sont faibles et se croient tendres! Les anciens s'étaient figuré que la terre est immobile. Entendez-vous la foudre grondante sur nos têtes? La chose s'est passé comme vous l'aviez prévu, c'est-à-dire que les deux adversaires, après s'être expliqué, se sont réconcilié; ils se sont pardonné et ils se sont même embrassé en se quittant. J'ai faits tous les efforts que j'ai pus pour vous rendre service.

Exercice 271*.

Avez-vous lu la description que cet auteur a fait de la manière dont le triomphateur entrait dans Rome? Quand il n'était éloigné que de trois cents pas de la porte triomphale, son arrivée était annoncé par les trompettes. Les taureaux qui étaient destiné pour le sacrifice, suivaient orné de bandelettes et couronné de fleurs. Les dépouilles des ennemis étaient porté dans des chariots fort grands; de jeunes soldats portaient les images des provinces que le vainqueur avait conquis ou des villes dont il s'était emparées ; d'autres portaient devant son char les couronnes d'or que les provinces lui avaient offert en présent pour que son triomphe en fût orné. L'histoire des sciences ne nous a présenté jusqu'à présent que deux hommes qui, par la nature des ouvrages qu'ils ont composé, paraissent se rapprocher de M. de Buffon : c'est Aristote et Pline. Tous les deux, infatigables comme lui dans le travail, étonnent par l'immensité de leurs connaissances et par celle des plans qu'ils ont conçu et exécuté ; l'un et l'autre, respecté pendant leur vie et honoré après leur mort par leurs concitoyens, ont vu leur gloire survivre aux révolutions des opinions et des empires, aux nations qui les ont produit, et même aux langues qu'ils ont employé ; et ils semblent, par leur exemple, promettre à M. de Buffon une gloire non moins durable.

Exercice 272e.

Votre mère bénit le ciel des saintes résolutions qu'il a daignées vous inspirer. Malgré l'appui des nombreux amis qu'il s'était fait par ses largesses, cet homme ne put être absous des crimes qui lui étaient imputés. Ces vaisseaux se sont empli d'eau. Ces femmes se sont enfin tranquillisé l'esprit. La plante, mise en liberté, garde l'inclination qu'on l'a forcé à prendre. Combien de fautes s'est-il trouvées dans votre dictée ? Des dix lépreux que le Sauveur avait guéri, il ne s'en est trouvé qu'un qui soient allé le remercier ; image trop fidèle de l'ingratitude des hommes envers un Dieu qui les a comblé de bienfaits ! Les injures qu'ils ont eu à essuyer n'ont point rebutées les apôtres.

Exercice 273e.

Dans leurs différentes transmigrations, les Juifs apprirent la langue chaldaïque, fort approchant de la leur. Il y a peu d'hommes qui ne soient doué de quelque don particulier. Les parfums de l'Arabie sont très recherché. Les troupes, s'étant aperçues que leurs guides les avaient égaré, voulurent s'en venger. Nous nous sommes endormi au bruit des vagues qui venaient se briser contre les flancs du vaisseau. Votre petite sœur n'est pas ici; car je l'ai vu sortir, et l'ai vu conduire à l'église. Après lui avoir exposé tous les bienfaits dont il l'avait comblés, après lui avoir mis sous les yeux tous les détails de la conspiration qu'il avait tramé contre lui, Auguste reprocha à Cinna le peu de reconnaissance qu'il avait eue envers son bienfaiteur. Quand la nouvelle de la mort de Turenne se fut répandu, toute la France fut saisi d'une douleur mortelle. Certaines louanges, par la manière dont elles sont donné, font plus d'honneur à celui de qui elles viennent qu'à celui qui les reçoit.

Exercice 274e.

Les soldats, se préparants au combat, aiguisaient leurs armes, qui devaient bientôt être trempé du sang de tant d'ennemis. Elle tâchait de couvrir sous ces paroles menaçantes la joie de son cœur Des fontaines coulantes avec un doux murmure, sur des prés semé d'amaranthes et de violettes, formaient des bains aussi purs que le crystal. La guerre de Troie fut chanté par Homère. Les choses merveilleuses que nous avons entendues raconter dans ce beau pays, nous ont engagés à y faire un voyage. Les combats d'Ulysse et sa sagesse furent élevé jusqu'aux cieux. Les soieries que je vous ai vendu ont excité l'admiration de tous ceux à qui je les ai fait voir avant de vous les envoyer ; mais les indiennes que vous m'avez livrées n'ont parues belles à personne ; je vous les ai cependant payé fort cher, et je crains bien de ne pouvoir point en retirer les sommes qu'elles m'ont coûté. Heureux ceux qui ne se sont jamais égaré ! Ils peuvent faire le bien plus parfaitement. Les hommes insolents pendant la prospérité sont toujours faibles et tremblant dans la disgrâce. On les voit aussi rampant qu'ils ont été hautains.

Exercice 275e.

Les quinze ou vingt années qu'a durée la guerre ont profité aux peuples voisins, pour s'instruire dans toutes les parties de l'art militaire. Monsieur, disait un délateur à Louis de Bourbon, frère de Charles V, voilà un mémoire qui vous instruira de plusieurs fautes qu'ont commis contre vous des personnes que vous avez honoré de vos bontés. — Avez-vous aussi tenu un registre des services qu'elles m'ont rendu? répondit le prince. J'avoue, reprit Mentor, qu'il a fait de grandes fautes ; mais cherchez dans la Grèce et dans les autres pays les mieux policés, un roi qui n'en ait pas faites d'inexcusables. La belle journée qu'il a faite hier ! Quelle fraîcheur nous avons goûtés sous les ombrages de ces promenades ! Cette tragédie est mieux écrite que je ne me l'étais imaginée. Nous nous sommes entendus appeler, et nous sommes venus. Que de pleurs la mort de son père lui a coûté ! Quelle douleur il en a ressentie ! Les sommes immenses que ce palais a coûté auraient pu être employées à de meilleures œuvres. Que d'immenses dégâts a fait cet effroyable incendie, et que de malheurs, il s'en est suivis !

EXERCICE 276e.

L'avocat que nous avons choisi est un des plus consciencieux que j'aie jamais connu. Toutes les peines que nous nous sommes donnés pour ramener ce jeune homme à la vertu n'ont pas été inutiles : il a abjuré ses erreurs, changé de conduite, et il fait aujourd'hui l'édification de tous ceux qu'il avait d'abord scandalisé par ses dérèglements. Qu'avez-vous fait des livres que nous vous avons vu entre les mains et de ceux que nous avons entendus dire qu'on vous avait acheté? Le peu d'amis qui lui étaient resté, il les a vu disparaître successivement à mesure que sa fortune diminuait. Les tableaux que ces peintres ont commencé à copier, ne sont pas ceux que je leur aurais conseillés de choisir. Nous considérions avec plaisir les creux vallons où les troupeaux de bœufs mugissaient dans les gras herbages, le long des ruisseaux ; les moutons paissants sur le penchant d'une colline ; les vastes campagnes couverte de jaunes épis ; enfin les montagnes orné de pampres et de grappes de raisin. Idoménée écoutait ce discours la tête baissé et sans répondre. La fureur était allumé dans ses yeux. On voyait ses membres tremblant. Cette femme qu'on avait d'abord cru innocente, les juges l'ont trouvé coupable. Les Impériaux entrèrent dans la Lombardie, qu'ils avaient résolus de faire le théâtre de la guerre.

EXERCICE 277e.

Les reproches que vous m'avez fait, ma sœur se les est appliqué à elle-même, parce qu'elle a reconnue qu'elle les avait mérité. J'ai commencé à la hâte, et, mon sujet s'étendant sous ma plume, je l'ai laissé aller sans contrainte. Il est vrai, Messieurs, que vous n'êtes pas venu à bout de votre dessein : le monde vous a laissé rire et pleurer tout seuls. Le peuple, irrité plus que jamais contre les patriciens, nomma une commission chargée de faire des informations contre ceux qui s'étaient laissés corrompre par Jugurtha. Les ennemis ont parus sur la frontière. La nature a parlée, voilà la mère! Toutes les heures que vous avez dormi, je les ai passé à lire. Que de bien n'a-t-il point fait dans le peu d'années qu'il a régné! Vos deux chevaux ne valent pas les deux mille écus qu'ils vous ont coûté. Mille fleurs naissant émaillaient les tapis verts dont la grotte était environné. Tous les jours que cette cheminée a fumé ont été pluvieux. Tels sont les honneurs que mon habit m'a valu. Ce soldat lâche et timide est resté caché les deux années que la guerre a durée. Cette ville me parut plus peuplée que les plus florissantes villes de la Grèce.

EXERCICE 278*.

On ne voyait de tous côtés que des femmes tremblant, des vieillards courbé, de petits enfants les larmes aux yeux, qui se retiraient dans la ville. Les bœufs mugissant et les brebis bêlant venaient en foule, quittant les gras pâturages. Les sujets d'Aceste, animé par l'exemple et par les ordres de Mentor, eurent une vigueur dont on ne les aurait pas cru capables. Il m'avait fait renfermer dans cette tour, pour se venger de la disgrâce que je lui avais causé. Les noirs soucis sont peint sur son visage. Ses yeux sont sans cesse errant de tout côté. L'onde était écumant sous les coups de rames innombrables. Je prie Morphée de répandre ses plus doux charmes sur vos paupières appesanti, de faire couler une vapeur divine dans tous vos membres fatigué, et de vous envoyer des songes légers qui, voltigeants autour de vous, flattent vos sens par les images les plus riantes. Ces deux rivaux se sont déchiré l'un l'autre, et se sont nuis autant qu'ils ont pu. La guerre a été déclarée, comme je vous l'ai annoncée; les fonds ont été voté par l'assemblée avec plus de bonne volonté qu'on ne l'aurait crue. Mon enfant, si vous aviez eu des prix, comme nous étions convenu que vous en auriez, je vous aurais rapporté de Paris toutes les curiosités que vous auriez voulues; mais, n'ayant pas fait tous les efforts que vous avez dûs, vous n'avez pas droit de vous plaindre de ce que je vous ai oubliés.

EXERCICE 279e.

Vous n'ignorez point la ruine de Troie, qui a coûtée tant de sang à toute la Grèce. C'est une nouvelle que j'ai crue que vous saviez. On renvoie chez eux les rameurs qui ont servi un certain temps. Elle n'oublia point les dangers qu'Ulysse avait couru entre Scylla et Charybde. Sésostris fit atteler à un char les plus superbes d'entre les rois qu'il avait vaincu : c'est ce qui diminue la gloire qu'il s'est acquis par ses conquêtes. Cloîtres majestueux, fortunés monastères, je vous ai vu tomber. Les paysages que j'ai vu dessiner étaient charmant. Les journaux que j'ai entendu lire étaient peu intéressant. Voilà les ennemis que la reine a eus à combattre, et que ni sa prudence ni sa douceur n'ont pues vaincre. O malheureuse Calypso! tu t'es trahi toi-même par ton serment. Nous nous sommes débarrassés l'esprit de vaines inquiétudes. Ceux qui ont entendu parler cette dame se sont regardé en souriant de son ignorance. Ces deux officiers se sont battu et se sont percé de coups. O mer trompeuse, combien d'hommes tu as séduit! combien tu en as dévorés! Le peu de troupes qu'il avait rassemblé ont tenu ferme dans leur poste.

CHAPITRE VII.

DE L'ADVERBE.

EXERCICE 280e.

(GRAMM., depuis le n° 178 jusqu'au n° 188.)

Boileau a dit : Auparavant d'écrire, apprenez à penser. Monsieur, je vous reverrai auparavant votre départ. Les martyrs disaient : Plutôt mourir que de renier J.-C. Tout alentour de la table, se tenaient les officiers du roi en grande tenue. Malheur à ceux qui estiment davantage les richesses que la vertu ! Mettez ces livres dessus la table. Les ennemis sont dedans et dehors la ville. Enée était endormi, quand tout à coup, s'éveillant en sursaut, il croit entendre davantage de bruit que de coutume. Jean, faites-nous du feu, car nous avons très froid. Si j achetais votre maison, entrerais-je de suite en jouissance? Serrez ces papiers dessous le tapis. Pourquoi n'avez-vous pas mis votre lettre à la poste? elle me serait arrivée beaucoup plutôt. Cet homme se met quelquefois si en colère, que tout le monde en est honteux pour lui. Ne vous mettez pas en retard : tâchez plus tôt d'arriver un quart d'heure d'avance. Avez-vous vu Louis avant qu'il ne s'en fût allé? Nous ne doutons nullement que l'Algérie devienne un jour un royaume florissant. Auparavant Louis XIV, la France, presque sans vaisseaux, tenait en vain aux deux mers. Si vous partez, venez me voir avant. Nous étions dans la maison lorsque les voleurs rôdaient autour. Je tremble qu'il pleuve avant notre départ. Ne trouvez-vous pas que midi est arrivé plus tôt que nous pensions?

EXERCICE 281e.

Alexandre avait davantage de valeur que de prudence. A moins que vous vous corrigiez de votre précipitation, vous ne parviendrez jamais à donner à votre style toute la précision désirable. Les Carthaginois ne doutaient pas que Régulus tînt sa promesse. Cette montagne est plus élevée qu'elle parait. Vous êtes venu un peu trop tard aujourd'hui, venez demain beaucoup plutôt. Plutôt que de nier une faute, avouez-la courageusement et tâchez de vous en corriger. Toutes les propriétés de cet homme sont alentour de son château. Cet orateur parle mieux qu'il écrit. Ce magistrat est venu inspecter l'école, sans que le maître n'en ait été averti. Les vents contraires empêchèrent qu'on pût mettre à la voile. Tout alentour du vaisseau se tenaient des monstres marins qui, tantôt plongeant, tantôt reparaissant à la surface de l'eau, semblaient vouloir nous donner le spectacle de leurs jeux. Les troupes alliées se trouvèrent prêtes à entrer en campagnes auparavant les légions elles-mêmes. Qui empêche que la plupart des hommes soient heureux, sinon leurs passions? La sentinelle se laissa tuer plutôt que de trahir son devoir.

CHAPITRE VIII.

DE LA PRÉPOSITION.

EXERCICE 282e.

(GRAMM., depuis le n° 188 jusqu'au n° 192.)

Un berger de Thrace, Maximin, parvint au premier grade militaire par sa force et son génie. Ne passez pas votre vie dans la mollesse et dans l'oisiveté. Demeurez-vous en face l'église Notre-Dame, ou vis-à-vis la cathédrale? Savoir et sentir, voici toute l'éducation. Rome, près de succomber, se soutint principalement par la constance et la sagesse du sénat. Voilà une histoire charmante, lisez-la avec attention. La maison que j'ai achetée est située tout près la rivière. Judith passa au travers les troupes d'Holopherne, et revint saine et sauve à Béthulie. Méditer et lire, voici mon plus grand plaisir. La ville de Versailles, située proche Paris, possède un château magnifique. Souvent celui qui est près de mourir n'est pas prêt à mourir. Dans un palais richement meublé de lambris d'or, de lits d'or et d'autres ornements de luxe, dort-on mieux que dans la chaumière ou dans la hutte du pauvre?

CHAPITRE IX.

DE LA CONJONCTION.

Exercice 283*.

(Gramm., depuis le n° 192 jusqu'au n° 202.)

Il semble que la nature a pris plaisir, sous le règne de Louis XIV, à produire des grands hommes en tout genre. Je ne pense pas qu'Aristote est aussi élevé, aussi sublime que Platon. Il m'a toujours semblé que Napoléon ait eu tort de faire la guerre à l'Espagne. Je suis le fils du grand Ulysse, le plus sage des rois de la Grèce qui aient renversé la superbe ville de Troie. Le livre de Télémaque est le plus bel ouvrage que la vertu a inspiré au génie. Je cherche quelqu'un qui va à Dijon, je lui donnerai une commission. Il ne paraît pas que votre oncle est décidé à venir. Votre paresse est la moindre chose dont votre maître se plaint. Mon enfant, il n'est rien que je ne fasse pour vous : vous êtes d'ailleurs le fils le plus reconnaissant qu'on a vu. Solon, en mourant, ordonne qu'on porte ses os à Salamine, qu'on les brûle et qu'on en jette la cendre par toute la campagne Quelque savant que vous êtes, vous ignorez encore bien des choses. Quand à votre observation, je la trouve juste. Venez me voir quant vous voudrez. Parce que cet artiste a peint, il est facile de juger de son talent. Je voudrais, mon enfant, que vous ayez toutes les qualités de votre âge.

Exercice 284e.

Pensez-vous que ce philosophe a raison de regarder l'homme comme un animal perfectionné? La plus noble vengeance qu'on peut tirer de ses rivaux est de les surpasser en talents et en vertus. L'ennui finira par vous gagner, à moins que vous ne variez vos occupations. Il fallait que vous fassiez plus d'efforts, Messieurs, si vous désiriez remporter des prix. Quel homme voudrait qu'on le traite de méchant? C'est donc une preuve que les hommes, tout vicieux qu'ils soient, estiment encore et recherchent la vertu. Ne fallait-il pas que le Chr st souffre pour entrer dans sa gloire? On dirait qu'il a plu pendant la nuit. Je ne saurais croire que vous êtes un homme à me tromper. Quelque puissante qu'était Carthage, elle ne put pas lutter contre Rome. Booz disait à ses moissonneurs : C'est pour donner que le Seigneur nous donne. Les hommes étant sujets à l'erreur et aux passions, il fallait nécessairement qu'il y ait des guerres. Dieu nous a donné la raison afin qu'elle dirigeât notre conduite. Moins on est ambitieux, et plus on est tranquille. Quoique vous étudiez, étudiez-le avec ardeur. Parce que vous m'écr vez, je vois que vous êtes fâché. Je vous écrirai quant je serai arrivé à Boston ; quant à vous, écrivez-moi tout de suite.

EXERCICE 285e

Plus Turenne acquérait de gloire, et plus il était modeste. Scipion Nasica ne doutait pas que la ruine de Carthage ne tourne au préjudice de la République. Parce que l'histoire nous rapporte d'Alexandre, on voit qu'il commença avec l'ame de Trajan et finit avec le cœur de Néron et les mœurs d'Héliogabale. Craindriez-vous que votre ami manque de fidélité à votre égard? C'est Louis XIV, si je ne me trompe, qui a voulu le premier que les ambassadeurs français aient le pas sur ceux des autres nations. Je voudrais, disait Plutarque, qu'on apprenne aux enfants à se taire plus tôt qu'à parler. Léonidas était mort pour son pays, avant que Socrate ait fait un devoir d'aimer sa patrie. Les lois de Lycurgue ordonnaient que les enfants couchent nus sur la terre; elles exigeaient qu'ils soient tous élevés en commun, et que les fils des premiers magistrats eux-mêmes soient soumis à cet ordre.

CHAPITRE X.

DE L'INTERJECTION.

EXERCICE 286e.

(GRAMM., nos 202, 203 et 204.)

Un soldat qu'on menait pendre, voyant une grande foule de peuple accourir et remarquant que plusieurs prenaient les devants, se mit à leur crier : Holà, eh ! ne vous pressez pas tant, on ne fera rien sans moi. Un

Suisse qui s'était endormi sur le parapet d'une ville assiégée, eut la tête emportée par un boulet de canon; un autre Suisse qui s'en aperçut, s'écria: Ha! que mon camarade sera étonné, quand il se réveillera, de se voir sans tête! Ah! ah! Monsieur est Français? Ha! s'il est un heureux, c'est sans doute un enfant! Ho! que vous êtes à plaindre, de ne pas connaître combien il est doux de servir le Seigneur! Oh! oh! qu'est-ce qu'il y a donc, pour que vous fassiez tant de bruit? Ho! ho! Monsieur Jourdain, vous voilà mis comme un marquis. Corrigez-vous, dira quelqu'un: hé! la peur se corrige-t-elle?

SUPPLÉMENT

A LA SECONDE PARTIE.

CHAPITRE PREMIER.

DE L'ANALYSE LOGIQUE.

Modèles d'Analyse logique.

(Voy. GRAMM., depuis le n° 206 jusqu'au n° 214.)

1.

Le jardin est fleuri. Le lion est courageux. Les ennemis seront vaincus. Démosthènes et Eschine furent rivaux. Nous sommes innocents. Vous êtes coupable. Athalie et Esther sont deux tragédies admirables. *

2.

La campagne, naturellement fertile et agréable, était presque inculte, tant les habitants étaient ennemis du travail! Toutes les colonnes du temple sont ornées de festons pendants; tous les vases qui servent au sacrifice sont d'or; un bois sacré de myrtes environne le bâtiment.

3.

L'ambition et l'avarice des hommes sont les seules sources de leur malheur: les hommes veulent tout avoir, et ils se rendent malheureux par le désir du superflu; s'ils voulaient vivre simplement, et se contenter de satisfaire aux besoins, on verrait partout l'abondance, la joie, la paix et l'union.

4.

Mentor nous dit qu'il avait été autrefois en Crète, et il nous expliqua ce qu'il en connaissait. Qui nous a rachetés de la servitude du démon? Jésus-Christ. Croyez-vous cela? Oui. Hélas! que ne puis-je donner ma vie pour la vôtre! Les Anglais et les Français sont braves et industrieux. Ces deux peuples, qui ont presque toujours été ennemis, se sont quelquefois réconciliés, et ont fait ensemble de grandes choses.

CHAPITRE II.

DE LA PONCTUATION.

EXERCICE 287e.

De la Virgule. — (GRAMM., n° 215.)

L'Europe l'Asie l'Afrique l'Amérique et l'Océanie forment les cinq parties du monde. C'est dans les entrailles de la terre que l'on trouve l'or l'argent le cuivre le plomb l'étain et les autres métaux. Pour découvrir les différents degrés de la chaleur et du froid on a imaginé un instrument fort utile que M. de Réaumur physicien fameux a singulièrement perfectionné et qu'on appelle thermomètre. Paris compte douze cent mille habitants et Londres deux millions. Il n'a ni pain ni habits ni chapeau ni souliers. L'espèce de belette que l'on appelle hermine donne une riche fourrure qui est blanche excepté le bout de la queue qui est noir.

EXERCICE 288e.

Du Point-Virgule et des Deux-Points. — (GRAMM., nos 216 et 217.)

Les Scythes étaient recommandables par la pureté et la simplicité de leurs mœurs le lait et le miel faisaient leur principale nourriture ils habitaient sous des tentes dressées sur des chariots. Donnez, dit Jésus-Christ, et l'on vous donnera pardonnez, et l'on vous pardonnera. La France était autrefois divisée en trente-deux provinces l'Artois, la Picardie, la Normandie, etc. Souvenez-vous de cet adage Aide-toi, le ciel t'aidera. Le bien, nous le faisons le mal; c'est la fortune. Les plus grandes villes de la France sont Paris, Lyon, Marseille, etc. La religion veille sur les crimes secrets les lois veillent sur les crimes publics. Plus on est élevé, plus on doit craindre les riches sont toujours plus exposés que les pauvres, et la foudre, en tombant, frappe toujours les sommités les plus élevées.

EXERCICE 289e.

Du Point, du Point interrogatif et de l'exclamatif. — (GRAMM., nos 218, 219 et 220.)

Turenne était à cheval Il vint pour examiner une batterie dressée contre l'ennemi En ce moment un boulet lui fracassa le corps et le renversa de son cheval Qu'est-ce que Dieu Est-ce un pur esprit Est-il tout-puissant Où allez-vous Quel âge as-tu Quiconque attend le superflu pour secourir les pauvres, ne leur donnera jamais rien. Tout le monde se plaint de la chaleur Hélas que je suis malheureux O mon Dieu, venez à mon secours Quel spectacle que celui d'une campagne fleurie quel émail quelles couleurs quelles richesses quelle magnifique profusion Le Sauveur exhortait les Juifs à se convertir Oh qu'on est heureux dans le service de Dieu Combien voulez-vous de ce domaine Je vous en offre cinquante mille francs Ne serait-il pas plus convenable de se taire que de parler hors de propos

RÉCAPITULATION sur toutes les règles de la ponctuation. — (GRAMM., depuis le n° 214 jusqu'au n° 223.)

EXERCICE 290ᵉ.

Les Tyriens sont industrieux patients laborieux propres sobres et ménagers jamais peuple n'a été plus constant plus sincère plus fidèle plus sûr plus commode à tous les étrangers Votre providence ô père céleste gouverne et conduit toutes choses L'homme qui ne veut pas travailler dit saint Paul n'est pas digne de vivre L'Espagne est à la vérité plus fertile que la France mais les habitants en sont moins industrieux et moins laborieux Charlemagne fit d'admirables règlements il fit plus il les fit exécuter C'est par un effet de la sagesse de Dieu que les eaux de la mer sont salées et qu'elles sont si souvent agitées par les vents car sans cela elles se corrompraient facilement L'homme hardi peut tout le timide rien On se menace on court l'air gémit le fer brille Tout plaît dans les Synonymes de l'abbé Girard la finesse des remarques la justesse des pensées le choix des exemples Travaillez prenez de la peine c'est le fonds qui manque le moins J'ai lu dans un auteur profane Platon je crois que le juste par excellence devait être maltraité par les hommes

EXERCICE 291ᵉ.

L'architecture comme presque tous les arts a pris naissance en Asie mais c'est en Grèce quelle s'est perfectionnée Il n'y a point d'état auquel les sciences ne conviennent car dit Cicéron elles sont le frein des jeunes gens la consolation des vieillards la richesse des pauvres et l'ornement des riches Faites l'aumône l'aumône dit l'Ecriture rachète les péchés Télémaque dit à Adoam Je vous ai vu je vous reconnais mais je ne puis me rappeler si c'est en Egypte ou à Tyr Voyez-vous cette grotte dit Philoclès J'y ai goûté depuis longues années plus de douceur et de repos que dans les palais dorés de l'île de Crète Les hommes ne me trompent plus car je ne vois plus les hommes Oh que les rois sont à plaindre Oh que ceux qui les servent sont dignes de compassion Retournez ô Hégésippe retournez vers Idoménée aidez-lui à supporter les misères de la grandeur et faites auprès de lui ce que vous voudriez que je fisse

Exercice 292°.

On proclame à haute voix le nom du jeune Victor B*** Un jeune homme se lève à l'extrémité supérieure de la salle tous les yeux se portent sur lui il descend on s'empresse de se déranger pour lui offrir un passage mais on a le temps de s'interroger Quel est-il Quel âge a-t-il Quel air modeste Quel figure aimable Que sa mère doit être heureuse — La voilà — Où donc — Là cette dame qui s'essuie les yeux — et mille autres propos que le jeune homme recueille en allant recevoir la couronne.

Exercice 293°.

On prétend que Publius Lentulus gouverneur de la Judée envoya au sénat romain le signalement suivant de la personne de Notre-Seigneur Jésus-Christ On voit à présent en Judée un homme d'une vertu singulière qu'on appelle Jésus-Christ Les Juifs croient que c'est un prophète mais ses sectateurs l'adorent comme un Dieu Il ressuscite les morts et guérit toutes sortes de maladies par sa seule parole Sa taille est grande et bien formée son air doux et vénérable ses cheveux blonds tombent par boucles jusqu'au-dessous des oreilles d'où ils se répandent sur ses épaules avec beaucoup de grâce il a le front uni et large et les joues marquées d'une aimable rougeur son nez et sa bouche sont formés avec une admirable symétrie Sa barbe assez épaisse est de toute beauté et de la couleur de ses cheveux ses yeux sont brillants clairs et sereins Il prêche avec majesté exhorte avec douceur et soit qu'il parle ou qu'il agisse il le fait avec élégance et gravité jamais on ne l'a vu rire mais on l'a vu souvent pleurer Il est fort tempéré sage et modeste Enfin c'est un homme qui par son excellente beauté ses vertus et ses divines perfections surpasse tous les autres hommes.

CHAPITRE III.

DE LA CONSTRUCTION RÉGULIÈRE DE CERTAINES PHRASES VICIEUSES.

EXERCICE 294.

(GRAMM., depuis le nº 223 jusqu'à la fin.)

Je vous demande excuse, mon cher ami, de ce que je ne me suis pas rendu à votre invitation : un oncle à ma mère est venu nous voir, et quoiqu'il ne fût resté que deux heures avec nous, je n'ai pu être prêt pour les midi, comme je vous l'avais promis. Vous me demandez, Monsieur, des renseignements sur cet homme à l'air minable que vous croyez l'auteur du vol commis chez vous ; tout ce dont je me rappelle, c'est que vous n'avez pas laissé la clef après la porte en sortant de chez vous pour me reconduire. Ces plantes sont vénimeuses : n'y touchez donc pas. Tâchez que mon habit soit fait pour la fête. S'en faut-il beaucoup que ce tonneau soit rempli ? J'espère, ma chère maman, que j'ai travaillé cette année comme un ange, ne me donnerez-vous pas une récompense ? Que cette petite fille a donc l'air spirituelle ! Ce savant aime à se disputer sur toutes sortes de questions. Je me rappelle toujours des larmes que j'ai versées quand il s'est agi de quitter mes parents pour venir en pension.

EXERCICE 295e.

Avec quoi avez-vous déjeûné ce matin? Est-ce avec du café, ou avec du chocolat? Jules, portez cette lettre à la poste, et dépêchez-vous vite. Y a-t-il une bonne trotte d'ici à la ville? Ces pêches ont l'air mûres : cueillez-les. Phèdre et Esope ont été effacés tous deux par La Fontaine. Les serpents les plus vénéneux sont les serpents à sonnettes. Prêtez-moi ces livres ; je vous les rendrai, comme de juste, en bon état. Comme depuis le mois de mai la campagne a l'air riante ! Racine entendait raillerie, encore mieux, dit-on, que Boileau. Cet élève impose à tous ses maîtres par ses mensonges et par son audace effrontée. Vous rappelez-vous des belles promenades que nous avons faites ensemble ? vous m'observiez alors que rien ne pourrait nous séparer. Hélas ! je m'en rappelle. Napoléon était doué d'une figure où respirait si visiblement le génie, qu'il en imposait non seulement à tous ses officiers, mais encore aux rois eux-mêmes. Je l'aborde ; il me fixe pendant quelque temps sans pouvoir me reconnaître. Les Anglais cherchent à nous surpasser en industrie ; mais je leur en défie bien.

RÉCAPITULATION GÉNÉRALE

sur toutes les règles et sur toutes les difficultés de la Grammaire, tant de la première partie que de la seconde.

EXERCICE 296e.

Ne laissez jamais le soleil se coucher dessus votre colère. Ce qui affligera l'homme à ses derniers moments, ce sera ses fautes volontaires, ses habitudes vicieuses. Nous vîmes dans ce jardin des beaux orangers toujours verts qui donnaient des fruits en même temps que des fleurs. Les principaux citoyens, prévoyants les maux qui les menaçaient, se hâtèrent de quitter un pays où toutes les passions étaient déchaîné. Nous avons visité la patrie des Phocions, des Thémistocles et des Philopémens. Les plus grands fleuves de l'Europe sont : le volga, en russie; le danube, en autriche et en turquie; et le rhin, en allemagne. Tous ces événements se sont succédés et se sont amenés les uns les autres Esope fleurissait du temps de Solon. On ne pense pas que les fables qui portent son nom soient les même qu'il a composé ; elle viennent bien de lui quand à la matière et à la pensée, mais leur style est d'un autre. Les passe-port qui nous ont été délivré n'ont point paru suffisant, et l'on nous a forcé de rester pendant quelque jour à la frontière. Lorsque nous étions en Suisse, nous employons notre temps à parcourir les sites de cet étonnant pays, tandis que vous employez le vôtre à décrire ses beautés. Il faut que nous nous réconcilions avec Dieu, et vous, que vous le priez avec nous. Plus d'une Pénélope honorèrent leur pays. Nous avons vu ces mères tendres et caressant presser leurs enfants dans leur bras.

Exercice 297*.

Les voyageurs qui vont admirer Rome sont étonné de ne voir, d'Orviette à Terracine, dans l'espace de plus de cents mille, qu'un terrain dépeuplé d'hommes et de bestiaux. Servir Dieu, soulager ses semblables, est le meilleur moyen d'apprendre à mourir. On n'a rien à craindre des qu'en-dira-t-ons, quand on remplit bien ses devoirs. Ces fleurs sont toute aussi fraîches que si on venait de les cueillir. C'est Malherbe qui a donné le premier une forme correcte et harmonieuse à notre poésie; mais ce sont Corneille, Racine, Molière et La Fontaine qui ont su lui donner l'élévation, la grâce et le naturel dont elle était susceptible. Sésostris pénétra dans les Indes plus loin qu'Alexandre le fit dans la suite. Un père faible ne peut se résoudre à punir ses enfants, lors même qu'ils sont les plus coupables. La science, comme la vertu, sont nécessaires à celui qui veut conduire les autres et les guider dans le chemin du ciel. Il entend les serpents sifflants au-dessus de sa tête, et croit les voir rampants autour de lui : il fallait mourir ou s'échapper; il se courbe, et, les mains appuyé sur ses genoux tremblant, il sort de la caverne. Les gens désœuvrés, même le plus innocents, sont bientôt vicieux. Quelque belles qualités qu'on ait reçu de la nature, il ne faut pas s'en orgueillir. Ce remède a tué plus d'hommes qu'il n'en a guéri. Il n'y a point d'erreurs qui ne trouve quelque têtes toute disposées à les adopter.

Exercice 298*.

Les Suisses descendants du sommet des montagnes, mirent en déroute l'armée de Charles-le-Téméraire. Ce berger a surpris deux loups ravissants un mouton. Il fallait que j'aie une grande confiance en vous, pour vous confier un secret d'où dépendait le salut de l'Etat. Le cheval arabe a la crinière, ainsi que les crins, fort longs. Guillaume le Conquérant est un des plus grands généraux que le onzième siècle a produit. Lorsque les navigateurs pénétrèrent pour la première fois dans l'Océan Pacifique, ils virent se dérouler au loin des flots que caresse éternellement des brises embaumées. Bientôt du sein de l'immensité s'élevère des îles inconnues. Des forêts que couronnait les cimes bleu des montagnes couvraient les côtes, descendaient jusqu'aux bords de la mer en amphithéâtre. La terre est emportée alentour du soleil avec une rapidité inconcevable : sa vitesse égale, si elle n'est supérieure, soixante-treize fois celle d'un boulet de canon. Napoléon fut couronné empereur l'an mille huit cents quatre. Ce fleuve parcourt une étendue de plus de sept cent lieues de terrain avant de se jeter à la mer.

Exercice 290e.

Les Portugais avaient formé des vastes et des florissant établissement dans les Indes, lorsque la découverte de l'Amérique vint donner une autre direction au commerce et aux expéditions lointaines. De tous les orateurs qui ont pris successivement la parole, c'est sans contredit les deux derniers qui ont parlé les mieux. Scipion Nasica et Caton le Censeur étaient d'un avis différent : celui-ci voulait qu'on détruise Carthage, et celui-là, au contraire, voulait qu'on la laisse subsister tout exprès afin de tenir le peuple romain constamment en haleine, et de maintenir dans Rome la vigueur primitive. Aristide ne voulait pas qu'on commette la moindre injustice dans les choses même qui pouvaient être les plus utiles. Socrate a prouvé, mieux qu'aucuns philosophes de l'antiquité, ce que peut la force d'âme ou la raison unies à un esprit supérieur. On prétend que l'Algérie coûte plus à la France qu'elle lui rapporte. Il a fallu que les fils de Clovis aient des sentiments bien barbares, pour qu'ils aient osé massacrer les enfants de leur frère. Les livres, disait le roi Alphonse, sont de tous mes conseillers ceux qui me plaisent les plus : ni la crainte ni l'espérance ne les empêche de me dire ce que je dois faire. Plus je deviens savant, et plus je vois que je ne sais rien, disait un philosophe. La beauté de l'esprit est toujours infiniment supérieur à la beauté du corps, quelqu'elle soit. Vous m'appelerez quant l'heure de la classe sera arrivée. Vous répeterez aujourd'hui les leçons de toute la semaine. La dédicace que j'ai fait de mon livre à ce célèbre cardinal fut agrée par lui avec le plus aimable empressement. Ce qui m'inquiète, est une lettre que je reçus ce matin même, et qui me rappelle auprès de mes parents : je crains qu'ils soient malades.

EXERCICE 300e.

Trajan avait pour maxime qu'il fallait que ses concitoyens le trouvent tel qu'il eût voulu trouver l'empereur s'il eût été simple citoyen. Pénélope et moi ont perdu l'espérance de le revoir. On voyait une rivière où se formait des îles bordées de tilleuls fleuris et de hauts peupliers. Les Boileau et les Gilbert ont été les Juvénal de leur temps. C'est l'aîné de mes fils qu'on a applaudis à la distribution des prix, à cause des succès qu'il a obtenu. Compatir aux erreurs des hommes, être indulgent pour leurs faiblesses, c'est là les devoirs de chacun de nous. Les jeunes gens que nous avons entendu chanter, étaient doués du plus bel organe. Le duc d'Enghien, qui fut dans la suite appelé le Grand-Condé, n'avait que vingt-deux ans quand il commanda les troupes françaises à la fameuse journée de Rocroi. Son génie suppléait à l'expérience qui lui manquait. Quoiqu'il eût reçu ordre de ne point combattre, il osa l'enfreindre, et la France dut à cette désobéissance une des victoires les plus mémorables qui ait été remportée sous le règne de Louis XIII. Le peu de soldats qui restèrent à Gédéon ne l'empêchèrent pas de combattre. Evitez les fautes, quelques petites qu'elles soient, parce qu'elle sont contraires à la volonté de vos parents et de vos maîtres, et par conséquent à la volonté de Dieu. Il y a plus de quatre cent ans que les Turcs sont maîtres de Constantinople. Celui qui veut faire des progrès dans les lettres doit se rappeler que les racines de la science sont amères, mais que ses fruits sont doux.

Exercice 301e.

Rappelez-vous de tous les grands hommes que le christianisme a produit dans tous les siècles. Or, je vous demande, rougirez-vous de marcher sur les traces de tant de noms illustres? Mettez d'un côté tous ces grands hommes, et de l'autre ce petit nombre d'esprits noirs et désespérés que l'incrédulité a produit. Vous paraît-il plus glorieux de vous ranger dans ce dernier parti; de prendre pour vos guides et pour vos modèles ces hommes dont les noms ne se présente à notre souvenir qu'avec horreur, ces monstres qu'il a plu à la Providence de permettre que la nature enfante de temps en temps; ou les Abrahams, les Josephs, les Moïses, les Davids, les hommes apostoliques, les justes de l'ancien et du nouveau temps? Soutenez, si vous le pouvez, ce parallèle. Ah! disaient autrefois saint Jérôme dans une occasion différente, si vous me croyez dans l'erreur, il m'est glorieux de me tromper avec de tel guides.

EXERCICE 302e.

Les Paules, les Marcelles, ces illustres femmes romaines, descendues des maîtres de l'univers, quel exemples d'austérité n'ont-elles pas laissé aux siècles suivants ? C'est à ce sage et vaillant général à qui cette province doit sa sûreté, et le reste du royaume sa paix et son abondance. Les Turenne, les Condés, les Créqui, par quel voie sont-ils montés à ce dernier point de gloire et de réputation au delà duquel il est défendu de prétendre ? Je dois vous observer que c'est d'un homme parfaitement informé de qui je tiens ces détails. Il y une certaine grandeur, dans les merveilles de la nature, à laquelle l'art ne saurait atteindre. La neige qui était tombé en grande quantité pendant la nuit, obstruait les chemins et empêcha que nous n'arrivions à midi précis, comme nous nous en étions flatté. Les choses dont on se rappelle le mieux, sont celles qu'on a appris avec peine. Il faut gouverner la fortune comme la santé, jouir d'elle quand elle est bonne, prendre patience quant elle est mauvaise. M. de Turenne releva, par une heureuse et une prudente témérité, l'Etat penchant vers sa ruine. Vous savez, mon enfant, que de tous vos parents, c'est votre oncle paternel et moi qui s'intéressent le plus à votre bonheur. Les langues auxquelles la nôtre doit la plus, sont la langue grecque et latine.

EXERCICE 303e.

Henri IV eut longtemps pour ennemi la plupart de ceux qu'il avait comblé de bienfaits. Les Ptolémées avaient rassemblé en Egypte un grand nombre de livres. Mais plus de quatre cents milles de ces volumes furent brûlé dans la ville d'Alexandrie, pendant la guerre qui eut lieu entre César et les enfants de Pompée. Les même moyens qui ont fait réussir votre frère, vous feront réussir vous-même, mon ami, pourvu que vous soyez obligeant envers tout le monde et zélé dans les devoirs de votre état. Le grand sultan vient d'envoyer au général en chef des riches présents, des doux parfums et des beaux chevaux. Quelque chose qu'il ait promis, il l'exécute. Ce journal raconte, sur le dernier incendie qui a eu lieu à Smyrne, quelque chose qui est fort singulier. Simonide, poète grec, fleurissait dès l'an mil cinq cent cinquante-quatre avant l'ère chrétienne. Le peu d'éducation que cet homme a reçue lui fait commettre mille erreurs. Il y a en Hongrie un grand nombre d'étangs qui donne des excellentes sangsues. Tel qui cachait son âge à quarante ans, l'augmente à quatre-vingt. Trop de jeunes auteurs néglige le travail, qui seul peut donner au style quelque chose de mâle et de vigoureux. On doit compter pour rien les éloges donné aux souverains pendant leur règne, à moins qu'ils soient répétés sous les règnes suivants.

Exercice 304e.

S'il est vrai qu'un écrivain se peint dans ses ouvrages, il nous sera facile de nous faire une idée des vertus de Massillon. Cette bonté, cette indulgence qui respirent dans ses écrits, formait le fond de son caractère. Ses revenus appartenait aux pauvres : seul, à pied, il parcourait souvent ces campagnes qu'arrose l'Allier ; il aimait à pénétrer sous le chaume, dans les cabanes des paysans ; il s'asseyait à côté d'eux, les interrogeait avec douceur, mêlait ses larmes aux leur, et ne les quittait jamais sans leurs laisser des marques de sa tendre sollicitude. Sa mort fut une perte irréparable pour la religion, l'éloquence et l'humanité : les pauvres le pleurèrent, et ses ennemis même firent son éloge. Une pauvre femme alla trouver plusieurs fois Philippe, roi de Macédoine, pour lui demander audience ; comme il la lui refusait toujours, elle lui dit : Je viens vous demander justice : si vous n'avez pas le temps de me la rendre, cessez donc d'être roi. Alors Philippe la satisfit sur-le-champ. Quelque preuves d'amitié que je lui aie donnée, il ne m'en a témoigné aucune reconnaissance. Cette personne est toute abattue du malheur qui vient de lui arriver. Diogène traversait la place d'Athènes, avec une lanterne allumé, au milieu du jour, et comme des gens curieux s'en étonnait : « Je cherche un homme, » leur dit-il.

EXERCICE 305e.

Le fleuve Bétis coule dans un pays fertile et sous un ciel doux qui est toujours serein Le pays a pris le nom du fleuve qui se jette dans le grand Océan assez près des colonnes d'Hercule et de cet endroit où la mer furieuse rompant ses digues sépara autrefois la terre de Tarsis d'avec la grande Afrique Ce pays semble avoir conservé les délices de l'âge d'or Les hivers sont tièdes et les rigoureux aquilons n'y soufflent jamais L'ardeur de l'été y est toujours tempérée par des zéphirs rafraîchissants qui viennent adoucir l'air vers le milieu du jour Ainsi toute l'année n'est qu'un heureux hymen du printemps et de l'automne qui semblent se donner la main La terre dans les vallons et dans les campagnes unies y porte chaque année une double moisson Les chemins y sont bordés de lauriers de grenadiers de jasmins et d'autres arbres toujours verts et toujours fleuris Les montagnes sont couvertes de troupeaux qui fournissent des laines fines recherchées de toutes les nations connues Il y a plusieurs mines d'or et d'argent dans ce beau pays mais les habitants simples et heureux dans leur simplicité ne daignent pas seulement compter l'or et l'argent parmi leurs richesses ils n'estiment que ce qui sert véritablement aux besoins de l'homme Quand nous avons commencé à faire notre commerce chez ces peuples nous avons trouvé l'or et l'argent parmi eux employés aux mêmes usages que le fer par exemple pour des socs de charrue.

EXERCICE 306e.

Quoique le général en chef et ses deux aides de camp aient été grièvement blessé, ils n'ont succombé ni les uns ni les autres. Nous avons été témoins de ce combat, et nous ne craignons pas de dire que c'est un des plus vifs que l'on ait vu se livrer depuis longtemps. Télémaque versa des pieuses larmes sur le corps d'Hippias : O grande ame ! s'écria-t-il, tu sais combien j'ai estimé ta valeur ! Il est du devoir d'un bon capitaine de prévoir et de pourvoir à tous les besoins de ses soldats. Les médecins lui prodiguèrent tous les secours de leurs arts ; ils rappellèrent peu à peu son ame prête à s'envoler. Le prince n'a pas fait serment de faire grâce à qui la demandera, mais de faire justice à qui il la doit. La tigresse, comme la lionne, produisent quatre petits. Tout autre nation que les Romains se serait laissé abattre par les victoires rapides des Carthaginois. Depuis l'invention de la poudre, les batailles sont beaucoup moins sanglantes qu'elles étaient, parce qu'il n'y a presque plus de mêlée.

EXERCICE 307e.

On demande si Brutus chassa les rois pour établir sa propre domination, ou s'il voulut auparavant tout la liberté de son pays. J'ai appris avec douleur, mon ami, que vous étiez malade ; ayez bon courage, nous avons fait au ciel des vœux bien sincères pour que votre mal cesse bientôt. Tromper les autres est s'exposer à l'être soi-même. Ils étaient si serré l'un contre l'autre que leurs javelots se rencontraient et s'entrechoquaient, de sorte que la plupart tombait par terre sans effet. Les cavaliers que nous avons vu arriver hier sont repartis ce matin. Nous les avons vus traverser la place de la haute ville. Le bruit des trompettes nous a réveillé, et nous nous sommes levé promptement. Le bruit du galop des chevaux a frappé aussi nos oreilles, et nous avons reconnu les deux brigades qui étaient arrivé la veille. Deux des chevaux se sont jeté hors des rangs malgré les efforts des cavaliers qui voulaient les retenir. Ils se sont cabré plusieurs fois, et nous avons craint qu'ils ne blessent quelques-uns des spectateurs qui étaient dans les rues. Mais les cavaliers ont su les dompter et les ont ramené dans les rangs. Il est sorti des Gaules, en différents temps, des armées de cent et même de deux cent mille hommes. Les unes ont formé des colonies permanentes, les autres ont disparues comme des torrents qui se perdent dans les précipices qu'ils se sont creusé. Le récit de la prise de Troie dans le second livre de l'Enéide est une des plus belles épisodes qui puisse se rencontrer chez les poètes. Turenne cherchait la gloire dans le témoignage de ses actions plus tôt que dans le témoignage des hommes. Les quatre Evangélistes ont raconté la vie de Jésus-Christ chacun à leur manière.

Exercice 308e.

Henri IV était âgé de cinquante-sept ans et en avait régné vingt et un lorsqu'il fut assassiné, le quatorze mai mille six cents dix. Il n'est rien que nous oublions plus promptement que nos malheurs passés, rien qu'en général nous envions plus que les honneurs et la fortune. Nous gardames les présents qu'ils nous avaient offert, et nous primes en même temps toutes les précautions nécessaires pour qu'ils ne puissent pas nous surprendre pendant la nuit. Quiconque projète le crime est déjà coupable. A peine César eut-il vaincu Ptolémée, qu'il fut en Asie pour y punir le traître Pharnace, fils et assassin de Mithridate. Les quelque semaines que j'ai demeuré chez votre oncle ont suffi pour me faire apprécier les connaissances qu'il a acquis en tout genre. Je pourrais vous observer que notre princesse connaissait si bien la beauté des ouvrages d'esprit, que l'on croyait avoir atteint la perfection, quant on avait su lui plaire. Supposons qu'après la mort de Henri II Catherine de Médicis ait fait assassiner tous les princes de la branche de Valois et de Bourbon, et que François II, encore enfant, cru mort comme les autres, ait été par un coup du hasard dérobé au glaive des assassins et caché dans une cour étrangère ou dans quelque ville du royaume; qu'il soit parvenu ensuite à se faire reconnaître pour ce qu'il était : lui aurait-on contesté son droit à la couronne? Il y a vingt et un jours passé que ma mère est parti, et elle ne m'a pas encore donné de ses nouvelles. Le livre que vous m'avez prêté est un des meilleurs que j'aie jamais lu.

Exercice 309e.

Quelles que bienveillantes que soient les gens qui vous ont donné l'hospitalité, craignez de leur être à charge. Les succès que j'avais prévu que vous obtiendriez ont répondu à l'attente que j'en avais fait concevoir à votre père. Les serpents des pays froids ou tempérés sont peu vénéneux. C'est à Westminster, ancienne ville qui fait aujourd'hui partie de celle de Londres, où le parlement anglais tient ses séances. Dans cette circonstance, Agamemnon fut à Delphes, déguisé en mendiant; et, ayant interrogé l'oracle, il reçut pour réponse d'aller sur le mont Hélicon, et qu'il y trouverait une divinité bienfaisante qui l'instruirait de ce qu'il aurait à faire. Si vous m'attendiez une demie journée, j'irais voir ma mère qui est tout malade. Colbert était d'une activité et d'une économie remarquable. Les murs de Jéricho s'écroulèrent d'eux-même devant l'arche du Seigneur. Toutes les gens de mauvaise vie blâment la conduite des vieux gens qui désapprouvent leur vice. Tous les spectateurs, ces messieurs excepté, s'empressèrent d'applaudir. Le roi Artaxerxès avait près de neuf cents mille hommes lorsqu'il marcha contre son frère Cyrus le Jeune, en quatre cents cinq. Il est toujours dangereux de passer pour un homme bizarre. Quand on a cette réputation, on n'a plus de confiance en nous, parce qu'on s'imagine que la singularité qui nous écarte de la route commune dedans les petites choses, pourrait nous en écarter dedans les grandes.

Exercice 310*.

Le Poussin modellait en cire les figures qu'il devait exécuter; il les posait et les grouppait comme elles devaient l'être dans son tableau. Le plus grand nombre des poètes manquent de ces expressions heureuses qui font le mérite des Homères, des Virgiles, des Corneilles et des Racines. L'Alsace possede assez de mines de plomb, de cuivre et d'argent. Le lendemain de Noel, l'Eglise célebre la fête de saint Etienne, premier diacre et premier martyr. La veille de la mort du Sauveur, les Apôtres recurent la sainte Eucharistie. Où trouverez-vous une ville plus renommé que rome? Y a t il de la honte à faire le bien? La classe est sonnée; allez y. Je me souviens de vous avoir vu autrefois, mais il m'est impossible de me rappeler du lieu de notre entrevue; votre mémoire peut être aidera t elle la mienne. Jésus parla ainsi à ses disciples : Allez, leurs dit il, annoncez que je suis ressuscité. Les flottes de tyr et de carthage parcouraient toute la méditerranée et venaient faire le commerce jusque sur les cotes de l'espagne et des gaules. C'est au siecle qui a precede le notre, a ce siecle en tout comparable aux beaux jours d'athenes et de rome, a qui nous sommes redevable des progres de cet art charmant dont vous faites vos plus chers délices.

Exercice 311*.

Une foule de séditieux demandait qu'on partage les terres. Nous nous vouames une éternelle amitié dès que nous nous vimes. Je vous ai dit que l'adjectif s'accordait en genre et en nombre avec le substantif qu'il qualifie. Point d'importuns laquais épiants nos discours, critiquants tous nos maintiens, comptants nos morceaux d'un œil avide, s'amusants à nous faire attendre à boire et murmurant d'un trop long dîner. Tu voudrais que je travaille avec courage et que j'employe mieux mon temps; travaille plus assidument toi-même et employe mieux le tien : paie d'exemple. C'est toi, mon fils, qui a eu le bonheur d'être choisi pour remplir ces fonctions. Son avocat changa de langage quant il vit qu'il perderait son procès. Socrate inventa, dit-on, la morale; cependant d'autre auparavant lui l'avaient mis en pratique. Aristide avait été juste avant que Socrate ait dit ce que c'était que la justice. Léonidas était mort pour son pays avant que Socrate n'ait fait un devoir d'aimer la patrie. Sparte était sobre auparavant que Socrate ait loué la sobriété : et la Grèce abondait en hommes vertueux avant qu'il n'ait loué la vertu. Tamerlan, après avoir détruit Bagdad, fit massacrer, sans distinction d'âge ni de sexe, environ huit cent mille habitants. Cette cruauté, cette barbarie, sont affreuses. C'est en Italie surtout où il faut aller pour s'instruire, comme les Romains allaient autrefois en Grèce pour s'y perfectionner.

EXERCICE 312e.

Lorsque le jeune page était devenu écuyer, son père le présentait à l'autel; le prêtre célébrant prenait une épée et une ceinture qui étaient posés dessus cet autel, et, après les avoir bénies, il attachait l'épée au côté du jeune homme qui commençait alors à la porter. Il devint pâle, comme s'il était prêt à expirer; une sueur froide s'empare de tous ses membres; les moyens de le sauver furent alors délibérés. Madame, êtes-vous héritière de tous les biens qu'a laissée feu votre tante ? Oui, je la suis. La flotte que nous avons vu mettre à la voile a suivi la côte septentrionale et s'est tenue constamment sous la protection des forts. Moi et votre mère sacrifierait tout pour vous. Quant je me rappèle de l'aventure qui nous est arrivé, j'en ris encore tout seul. La brume s'étant dissipé, nous apercumes des vaisseaux voguants à toutes voiles. Un décret fort sage fut rendu, qui défendait expressément que tous les citoyens, quelqu'ils puissent être, se présentent à l'avenir avec des armes hors de leurs maisons. Le plus grand ouvrage de Varron était celui des antiquités romaines. C'est de ce bel ouvrage dont Cicéron parle en s'adressant à Varron lui-même. Ces juges, malgré les intrigues dont on les avait entouré, ne se sont point écarté du sentier de la justice. Ils ne se sont point laissé séduire par les promesses qu'on leur a faite; ils ne se sont point laissé intimider par la crainte des maux dont on les a menacé. Cet homme acquérira de l'importance. Les pêches que j'ai cueillé, je les ai confit.

EXERCICE 313e.

Presque toutes les découvertes ont été dû au hasard : celle du Nouveau-Monde fut le fruit du génie. Christophe Colomb, par cette justesse d'esprit que les connaissances mathématiques lui avaient donné, avait supposé l'existence d'un autre continent; sa supposition s'est réalisé ; et en 1492 il a eu la gloire d'ajouter une nouvelle partie du monde à celle qui est déjà connu. Quelques auteurs ont pensé que les anciens connaissaient l'Amérique; mais il y a lieu de croire qu'ils se sont trompé grossièrement, car l'île qu'ils ont supposé être notre Nouveau-Monde, et que Platon et Diodore de Sicile ont appelé Atlantide, était située à peu de distance du détroit de Gibraltar. Quoiqu'il en soit, la gloire que Cristophe Colomb s'était acquis de donner son nom aux pays qu'il nous a fait connaître, il se l'est vu ravir par le Florentin Améric Vespuce, qui s'est borné à parcourir, plusieurs années après, quelque côtes des contrées qu'avait découvert Christophe. Cette injustice, que la postérité s'est plu à sanctionner, a été le présage de tous les maux qui ont désolé ce beau pays.

EXERCICE 314e.

En effet, l'Amérique a été le théâtre des guerres les plus cruelles qu'il y ait jamais eu ; deux empires fleurissant, que tant de siècles avaient vu subsister avec éclat, se sont écroulé sous les coups d'une poignée d'aventuriers que l'avarice avait armé. On frissonne au souvenir des injustices qu'ils ont commis, des milliers d'hommes qu'ils ont fait périr, du peu d'humanité qu'ils ont montré vis-à-vis des vaincus, et des sacrifices de tous genres qu'ont coûté des richesses qui n'ont pas profité à ceux qui s'en étaient emparé. On est étonné des efforts qu'il a fallu pour soumettre une population bien plus nombreuse, plus policée et plus formidable que les vainqueurs l'avaient d'abord supposé ; il est vrai de dire que les histoires grecques et romaines ne nous présentent pas aucune expédition militaire qu'on peut comparer à la conquête du Mexique et du Pérou. Deux hommes ambitieux, Fernand Cortez et Pizarre, se sont disputé la gloire de soumettre ces peuples ; l'un et l'autre s'est immortalisé par la valeur, l'intrépidité qu'ils ont déployé : et la postérité les aurait tous deux surnommé les héros du Mexique et du Pérou, sans les crimes dont ils se sont souillé, ou qu'ils ont laissé commettre.

EXERCICE 315.

Jusques à quand Catilina abuseras-tu de notre patience combien de temps encore ta fureur osera-t-elle nous insulter où s'arrêtera cette audace effrénée quoi donc ni la garde qui veille la nuit au Mont-Palatin ni celles qui sont disposées par la ville ni tout le peuple en alarme ni le concours de tous les bons citoyens ni le choix de ce lieu fortifié où j'ai convoqué le sénat ni même l'indignation que tu lis sur le visage de tout ce qui t'environne ici tout ce que tu vois enfin ne t'a pas averti que tes complots sont découverts qu'ils sont exposés au grand jour qu'ils sont enchaînés de toute part penses-tu que quelqu'un de nous ignore ce que tu as fait la nuit dernière et celle qui l'a précédée dans quelle maison tu as rassemblé tes conjurés quelles résolutions tu as prises O temps ô mœurs le sénat en est instruit le consul le voit et Catilina vit encore Il vit que dis-je il vient dans le sénat il s'assied dans le conseil de la république il marque de l'œil ceux d'entre nous qu'il a désignés pour ses victimes et nous sénateurs nous croyons avoir assez fait si nous évitons le glaive dont il veut nous égorger il y a longtemps Catilina que les ordres du consul auraient dû te faire conduire à la mort si je le faisais dans ce moment tout ce que j'aurais à craindre c'est que cette justice ne parût trop tardive et non pas trop sévère mais j'ai d'autres raisons pour t'épargner encore tu ne périras que lorsqu'il n'y aura pas un seul citoyen si méchant qu'il puisse être si abandonné si semblable à toi qui ne convienne que ta mort est légitime jusque là tu vivras mais tu vivras comme tu vis aujourd'hui tellement assiégé de surveillants et de gardes tellement entouré de barrières que tu ne puisses faire un seul mouvement un seul effort contre la République.

Exercice 316*.

Des yeux attentifs des oreilles toujours ouvertes me répondront de tes démarches sans que tu puisses t'en apercevoir et que peux-tu espérer encore quand la nuit ne peut plus couvrir tes assemblées criminelles quand le bruit de ta conjuration se fait entendre à travers les murs où tu crois te renfermer tout ce que tu fais est connu de moi comme de toi-même veux-tu que je t'en donne la preuve te souvient-il que j'ai dit dans le sénat qu'avant le six des calendes de novembre Mallius le ministre de tes forfaits aurait pris les armes et levé l'étendard de la rébellion eh bien me suis-je trompé non seulement sur le fait tout horrible tout incroyable qu'il est mais sur le jour j'ai annoncé en plein sénat quel jour tu avais marqué pour le meurtre des sénateurs te souviens-tu que ce jour-là je sus prendre de telles précautions qu'il ne te fut pas possible de rien tenter contre nous quoique tu eusses dit publiquement que malgré le départ de quelques uns de tes ennemis il te restait encore assez de victimes tu ne peux faire un pas tu n'as pas une pensée dont je n'aie sur-le-champ la connaissance enfin rappelle-toi cette dernière nuit et tu vas voir que j'ai encore plus de vigilance pour le salut de la république que que tu n'en as pour sa perte j'affirme que cette nuit tu t'es rendu avec un cortége d'armuriers dans la maison de Lecca est-ce parler clairement qu'un grand nombre de ces malheureux que tu associes à tes crimes s'y sont rendus en même temps ose le nier tu te tais parle je puis te convaincre je vois ici dans cette assemblée plusieurs de ceux qui étaient avec toi Dieux immortels où sommes-nous dans quelle ville ô ciel vivons-nous dans quel état est la république ici ici même parmi nous pères conscrits dans ce conseil le plus saint et le plus auguste de l'univers sont assis ceux qui méditent la ruine de Rome et de l'empire et moi consul je les vois et je leur demande leur avis et ceux qu'il faudrait faire traîner au supplice ma voix ne les a même pas attaqués.

EXERCICE 317*.

Les contrées par les quels notre armée a passé, ne sont pas les même que celles que vous m'avez dites avoir été visité par votre frère l'été dernier. Où pourrait-on trouver de la meilleure bière qu'en Flandre ou en Alsace? Toutes les tragédies de Corneille sont loin d'être des chef-d'œuvre. Vous voyez, mon enfant, la mauvaise réputation que votre paresse vous a valu. Le peu de jours que je suis resté à Paris ne m'ont pas permis d'examiner toutes les curiosités de cette capitale. La distraction et la gaité sont les contre-poison du chagrin. Quel sont les fleuves les plus rapides de l'Europe? ce sont le rhône, le rhin et le danube. De très chaud qu'il était, l'atmosphère devint tout d'un coup très froid. O campagnes! O rives des ruisseaux serpentants et murmurant! O forêts, mes chers délices, quant vous reverrais-je ? Annibal vainquit Sempronius sur les bords de la Trébie, qui avait imprudemment engagé le combat. Les poisson-volant ne parcourent dans l'air que des courts espaces. Quoique j'aie pu dire ou écrire au ministre, il n'a pas cru devoir vous accorder la faveur que je sollicitais pour vous. La personne que j'ai vu dessiner au crayon est celle que nous avons entendu chanter hier. Le roi mourut onze jours après cette blessure, et défendit en mourant que Montgommeri soit inquiété ou recherché en aucune manière pour ce fait.

Exercice 318e

Sensible aux charmes de l'éloquence, les Anciens ne pouvaient se persuader que la Rhétorique (tant était grande l'idée qu'ils avaient conçu de cet art !) soit une invention humaine; ils la regardaient comme le plus riche présent qu'ils aient pu recevoir des Dieux. La jeunesse est la fleur de la nation toute entière; mais c'est dans la fleur où il faut préparer le fruit, et c'est en veillant sur l'éducation des enfants qu'ils deviennent des hommes utiles à eux-même et à leur semblables. Qu'on leur apprenne donc, dès leurs enfances, à détester l'injustice, le mensonge, l'ingratitude, et à fuir tous les délices qui amollissent les hommes. Qu'ils apprennent à être fidèle à leur promesse, tendres pour leurs amis, et compatissant envers tous les hommes ; qu'ils craignent davantage les reproches de leurs consciences que les tourments et la la mort. Le peu d'explications que vous m'avez donné m'ont fait comprendre cette règle de la grammaire, qui auparavant m'avait paru si difficile. Un écrivain moderne a dit : Je préfère m'attacher à montrer les beautés d'un livre qu'à compter curieusement ses défauts. L'un et l'autre cependant sont utiles.

EXERCICE 319°.

Rome était divisée alors en deux factions à la tête des quel était Marius et Scylla, tous deux également célèbre par leur divers exploits. Après un combat très vif qui dura sept heures et demi, les ennemis furent culbuté; la demie-brigade gravissant une montagne fort rude les jeta dans la ville où ils furent suivi et cerné. J'étais la seule personne au monde qui n'eusse pas oublié son malheur; aussi n'ai-je point hésité à lui prêter assistance, sans qu'il la réclame de moi. L'esprit, l'oreille, les yeux étaient tenus dans un égal enchantement On vit alors de quoi la religion était capable sur les hommes imbus de bons principes. Les parties de chasse que le prince s'était proposé de donner aux courtisans n'auront pas lieu à cause des mauvaises nouvelles qu'il a reçu du théâtre de la guerre. Ce marché fait, il fut chercher la somme de deux mille cinq cent francs qu'il remit au vendeur. Cette petite fille est d'une humeur gai et d'une docilité étonnante: sa mère doit être heureuse d'avoir un tel enfant; elle la serait davantage encore, si toutes ses autres enfants (car elle a encore trois filles) étaient réunies autour d'elle. Entre les républiques dont la Grèce était composée, Athènes et Lacédémone furent, sans contredit, les principales. On ne peut avoir plus d'esprit que n'en avait Athènes, et plus de force que n'en avait Lacédémone; l'une et l'autre aimait la gloire, et toutes deux y parvinrent par une route toute opposée.

EXERCICE 320°.

Cet enfant est l'un de ceux qui ont les mieux travaillés. On m'avait appris cette fâcheuse nouvelle longtemps auparavant qu'on ne vous l'ait rapportée. Notre voisine avait reçue hier l'extrême-onction. Elle s'était mis ensuite à arranger ses affaires. Les biens dont elle a disposé étaient immense. Elle s'est vu mourir, elle s'est vu éteindre comme une chandelle. Ses parents l'ont laissé expirer en paix. Mais aussitôt qu'elle a eue rendu l'ame, ils se sont jeté sur ses dépouilles comme sur leurs proie ; et après s'être bien débattu, ils se les sont partagé toute déchirées. Les économies que ces deux domestiques s'étaient fait, ils se les sont vu enlever par deux fripons qui se sont fait riche à leur dépens. On a découvert les deux voleurs et on les a arrêté. Ils se sont senti saisir au moment qu'ils s'y étaient le moins attendu. La nuit vint avant qu'on ait pris un parti. C'est dans cet endroit que l'eau coule la plus rapidement à cause des efforts qu'elle a fait pour surmonter cette digue. Saint Louis aimait la justice et à la rendre lui-même à ses sujets. Faites du bien aux hommes, et vous serez bénit : voici la vraie gloire. Les ennemis rôdaient autour d'une redoute qu'ils s'étaient proposé d'enlever.

Exercice 321e.

Voici le château à qui j'ai fait ajouter une aîle et rendu par là-même plus commode et plus logeable qu'il n'était avant. Régulus se rendit au sénat, où il exposa le sujet de son ambassade et l'état ou se trouvait les affaires de l'Afrique. Il ne dissimula pas ses craintes, prévit et répondit à toutes les objections. A cette nouvelle, la mère et la sœur restèrent toute consternée, toute abattues, et nous ne pumes les consoler, quelles que fussent les raisons que nous fimes valoir. Quel variété admirable présente les productions de la terre, chacune dans leur genre et dans les temps marqués par la Providence, pour les besoins et les plaisirs mêmes des hommes ! L'irréligion et le mépris des lois sont les avant-coureurs de la ruine d'un Etat. L'amour-propre est un ballon gonflé de vent dont il sort des tempêtes quand on lui fait une piqûre. Nos troupes ont remporté plus de victoires qu'on n'en avait espéré : aussi s'est-il présenté tout d'un coup plus de volontaires qu'on n'en a pu enrôler. Tel est la paix dont nous avons jouis; toute autre nous eut parue un songe, quelqu'en eussent été les bases, quelqu'elle eut été du reste. Le Panthéon est un des beaux monuments de Paris : on admire son architecture particulière, sa hardiesse, ses proportions. Tous les citoyens, quelqu'ils soient, en quelque état qu'ils se trouvent, doivent consacrer à leurs patrie leur biens et leur talent. Quels que efforts que nous fassions, quelques mortifiés que nous soyons, nous ne pouvons arriver au ciel que par le secours de la grâce de Dieu. On m'a dit que votre père venait d'acheter une ferme à deux cent pas de la forêt des Ardennes, et que cette ferme lui coûtait deux cent quarante neuf mille francs. Quelle que belle que soit cette propriété, elle lui coûte, selon moi, encore trop chère. Cieux et terre, répondez : c'est vous-même que j'interroge. C'est tout à la fois une fidèle et une élégante traduction, bien supérieur à toutes celles qu'on a fait de ces même ouvrages. Les chefs des troupes sont attaché à Philoclès ; tous les soldats sont gagné par ses largesses. Voilà une lettre qu'il a écrite à un de ses amis. Cet homme savait que les rois sont d'ordinaire défiant et inappliqués.

EXERCICE 322e.

Quand cette dure et cruelle mort fut annoncée à Jeanne d'Arc elle se prit à pleurer Ah j'en appelle à Dieu le grand juge dit-elle des cruautés et des injustices qu'on me fait S'adressant ensuite à un juge qui lui avait montré quelque intérêt Ah maître Pierre dit elle où serai-je aujourd'hui N'avez-vous pas bonne espérance en Dieu répondit-il Oui reprit-elle Dieu aidant j'espère aller en paradis Le 30 mai elle monta dans la charrette du bourreau Huit cents anglais armés de haches de lances et d'épées marchaient à l'entour Arrivée à la place du supplice Ah Rouen dit-elle Rouen est-ce ici que je dois mourir Ensuite elle se mit à genoux et se recommanda à Dieu à la sainte Vierge et aux Saints surtout à saint Michel sainte Catherine et sainte Marguerite Elle laissait voir tant de ferveur que chacun pleurait même plusieurs anglais Frère Martin l'Advenu son confesseur était monté sur le bûcher avec elle il y était encore que le bourreau alluma le feu Jésus s'écria Jeanne et elle fit descendre le bon prêtre Tenez-vous en bas dit-elle levez la croix devant moi que je la voie en mourant et dites-moi de pieuses paroles jusqu'à la fin Elle assura encore que les voix venaient de Dieu qu'elle ne croyait pas avoir été trompée et qu'elle n'avait rien fait que par l'ordre de Dieu Ainsi protestant de son innocence et se recommandant au ciel on l'entendit encore prier à travers la flamme Le dernier mot qu'on put distinguer fut Jésus.

EXERCICE 323e.

Tout le monde sait que l'empereur Vitellius est l'un des plus célèbres gourmands qui ait jamais existé dans l'univers entier. Tout sort et rentre dans le sein de la terre. Comme saint Paul se rendait à Damas pour persécuter les disciples de Jésus-Christ, Dieu le frappa tout d'un coup d'une lumière très vive qui porta la vérité dans son ame; et cet homme, qui ne respirait que fureur, se trouva tout à coup touché, instruit et rempli de charité. Quelque soit les chicanes et les embarras qu'on suscite à cet homme, quelque caché et dangereuse que soient les manœuvves de ses adversaires, son bon droit, son habileté le fera sortir victorieux de la lutte. Quant Bossuet, dans l'oraison funèbre de la duchesse d'Orléans, prononça ces paroles : « Madame se meure ! Madame est morte ! » tout l'auditoire éclata en sanglots, et l'orateur fut obligé de s'interrompre. Dans la première bataille qui se donna, Brutus et Aruns, fils de Tarquin, se tuèrent l'un et l'autre en combattant tous les deux, l'un pour sa patrie, le second pour son roi. Guillaume III laissa la réputation d'un grand politique, quoi qu'il n'ait pas été populaire, et d'un général à craindre, quoiqu'il ait perdu beaucoup de batailles. Maximilien Hercule vient à Rome, où il s'efforça de se faire reconnaître pour empereur. Il exhorte Dioclétien à imiter son exemple et à reprendre le gouvernement ; mais Dioclétien s'y refusa. Les vieillards que Minos avait établi juge du peuple et garde des lois nous assemblèrent. Ils ouvrirent le livre où toutes les lois de Minos sont recueilli.

EXERCICE 324e.

Il était une heure Hacker frappa à la porte Juxon et Herbert tombèrent à genoux Relevez-vous mon vieil ami dit le roi à l'évêque en lui tendant la main Hacker frappa de nouveau Charles fit ouvrir la porte Marchez dit-il au colonel je vous suis Il s'avança le long de la salle des banquets toujours entre deux haies de troupes une foule d'hommes et de femmes s'y était précipité au péril de leurs vies immobiles derrière la garde et priant pour le roi à mesure qu'il passait les soldats silencieux eux-même ne les rudoyaient point L'échafaud était tendu de noir le plus profond silence régnait Le roi mit sur sa tête un bonnet de soie et s'adressant à l'exécuteur mes cheveux vous gêne-t-il Je prie Votre Majesté de les ranger sous son bonnet répondit l'homme en s'inclinant Le roi les ranga avec l'aide de l'évêque J'ai pour moi lui dit-il en prenant ce soin une bonne cause et un Dieu clément Il ôta son manteau puis son habit remit son manteau et regardant le billot Placez le de manière à ce qu'il soit bien ferme dit il à l'exécuteur Il est ferme sire Je ferai une courte prière reprit le roi et quand j'étendrai les mains alors Il se recueillit se dit à lui-même quelques mots à voix basse leva les yeux au ciel s'agenouilla posa la tête sur le billot l'exécuteur toucha ses cheveux pour les ranger encore sous son bonnet le roi crut qu'il allait frapper Attendez le signe lui dit il Je l'attendrai sire avec le bon plaisir de Votre Majesté Au bout d'un instant le roi étendit les mains l'exécuteur frappa la tête tomba au premier coup.

Exercice 325*.

C'est quand nos amis sont les plus affligé, qu'il faut leur aller offrir nos secours et nos consolations. L'empereur Alexandre surnommé le Pieux permit aux chrétiens l'exercice de leur religion et d'élever un temple à l'honneur de Jésus-Christ qu'il fit mettre au rang des Dieux. Les rois du haut de leurs trônes et toujours entouré de luxe, ne peuvent guère apercevoir la misère des peuples : la distance est trop grande. C'est une des miséricordes de Dieu de semer des amertumes et des dégoûts à travers des douceurs trompeuses du monde. On les accabla tellement de questions qu'ils demeurèrent courts. Vos deux habits me paraissent trop courts. Quelle qu'excellente mémoire que vous ayez, une demie heure ne vous suffira pas pour apprendre toute les lecons que le maître vous a donné. Comme nous nous étions proposé de partir de grand matin, nous nous levames à deux heures et demi Etes-vous les deux messieurs qu'on attend pour la cérémonie? Oui, nous le sommes. Etes-vous fatigué de la course qu'il vous a fallu faire pour venir? Oui, nous le sommes. Et cette dame qu'on attend aussi, sera-t-elle arrivée assez tôt? Oui, elle le sera. Il était tant que le général arrive pour empêcher que la sédition n'éclate dans son corps d'armée. Ce fleuve coule majestueusement à travers d'un bosquet de myrtes; les vallées qu'il parcour sont semé do platanes.

Exercice 326e.

Pendant ce temps les hommes armés s'avancaient une voix cria ou est le traître Becket ne répondit rien Ou est l'archevêqµe Le voici répondit Becket mais il n'y a pas de traître ici que venez vous faire dans la maison de Dieu avec un pareil vêtement quel est votre dessein Que tu meure Je m'y résigne vous ne me verrez pas fuir devant vos épées mais au nom du Dieu tout-puissant je vous défends de toucher à aucun de mes compagnons clerc ou laïc grand ou petit Dans ce moment il recut par derrière un coup de plat d'épée entre les épaules et celui qui le lui porta lui dit Fuis ou tu es mort Il ne fit pas un mouvement les hommes d'armes entreprirent de le tirer hors de l'église se faisant scrupule de l'y tuer Il se débattait contre eux et déclara fermement qu'il ne sortirait point et les contraindrait à exécuter sur la place même leurs intentions ou leurs ordres Guillaume de Tracy leva son épée et d'un même coup de revers trancha la main d'un moine saxon et blessa Becket à la tête Un second coup porté par un autre Normand le renversa la face contre terre un troisième lui fendit le crâne et fut asséné avec une telle violence que l'épée se brisa sur le pavé.

Exercice 327*.

Je ne crois pas que cet empire ait échu au prince dont vous parlez ; il avait cessé de vivre auparavant que le royaume de son père ne passe en d'autres mains. Celle-ci me paraît être, à mon avis, de vos deux sœurs la plus heureuse ; et c'est néanmoins celle qui méritait la moins de l'être. Il serait à désirer que les hommes fassent leur épitaphe de leur vivant, et qu'ils s'efforcent de mériter tout le bien qu'ils diraient d'eux-même. Le mahométisme, fondé par Mahomet, en six cents vingt, domine en Asie, en Afrique, et une partie de l'Europe. L'homme, pour qui tout renaît serait-il le seul qui meure pour ne jamais revivre ? Sa force était telle, qu'il ne trouvait rien qu'il ne meuve, rien qu'il ne transporte d'un lieu à un autre. Mes amis ne se sont point trouvé au rendez-vous qu'ils m'avaient donné. Je les ai attendu pendant une demie-heure, et ils n'ont point venu. La tapisserie que vous m'aviez commandée qu'on vous fasse, n'est point achevée. Les maladies qu'il y a eue parmi nos ouvriers ont retardé l'exécution de ce bel ouvrage. Quelque soit la bravoure de nos troupes, quelque brillantes victoires qu'elles aient déjà remportées, je doute qu'elles puissent venir à bout de ce siège. Est-ce de vous dont on parle, quand on dit qu'une personne a été volée dans cette maison d'une somme de quatre cent francs ? Non, ce n'est pas de mon vol dont il s'agit en ce moment ; car on m'a pris seulement deux pièces d'étofle, que j'avais acheté fort chères. Il a été distribué aux pauvres de cette ville, pendant l'hiver, des habits pour une somme de deux mil huit cents quatre vingts francs et du pain pour la somme de six mille cent quatre-vingt dix francs.

EXERCICE 328e.

Quelques habiles généraux qu'ait été Marius, Sylla et Pompée, César les surpassa tous. Je sais rendre justice à qui elle appartient. Nous nous sommes empressé de voir et de demander à cet écrivain satyrique s'il avait eu intention de vous faire de la peine en critiquant votre ouvrage. Il paraît qu'il ne l'a pas eue. Votre ami m'a communiqué les difficultés qui prolongent son séjour à Paris : je ne me les serais pas imaginé. Ses parents se sont donnés tous les mouvements qu'ils ont pu pour les lever ; mais tous les efforts qu'ils ont fait ont été inutiles. Je racontais les soins que Mentor avait eu de mon enfance et les malheurs qui étaient venu fondre sur moi, dès que j'avais cessé de suivre ses conseils. Les Crétois ont résolus de choisir un roi qui conserve dans leur pureté les lois établi. Voici les mesures qu'ils ont pris pour faire ce choix. Tous les principaux citoyens des cents villes sont assemblé ici. L'homme de bien oublie facilement le mal, mais il se rappelle toujours d'un bienfait. Le diamant est la pierre la plus pure et la plus pesante que l'on connaît. C'est dans les royaumes de Golconde, de Visapour et du Bengale où se trouve les plus riches mines de diamant. Quoiqu'on fasse et quoiqu'on dise, on ne saurait venir à bout de plier son caractère.

APPENDICE

VERBES IRRÉGULIERS, DÉFECTIFS, etc.

NOTA. — *Il sera bon de faire conjuguer aux élèves la plupart de ces verbes.* (Voyez-les dans la Grammaire, APPENDICE). *Pour les mieux habituer à bien les connaître, nous donnons ici quelques exercices où ils se trouvent fréquemment à différents temps et à différentes personnes.*

EXERCICE 329°.

Ce Spartiate courera annoncer la nouvelle de la victoire remportée sur les Perses, et il mourra en arrivant à Lacédémone. Les avocats acquèrent de la réputation en plaidant bien de bonnes causes. Pourquoi ne faisez-vous l'ouvrage qu'à demi? Les soldats allent au combat en chantant. Ne disez jamais de mensonge. J'ai allé en Russie l'hiver dernier. Il faudra que j'alle jusqu'à Stockolm l'été prochain; si j'y vais, je vous enverai de belles fourrures.

EXERCICE 330°.

La vertu s'acquert par des sacrifices. J'acqui ce champ à force d'économies, et j'acquérirai bientôt la maison qui l'avoisine. Cette eau bou trop vite. Je crois qu'il pleuvera demain. Je souhaite que tu peuves obtenir cette place. Mon fils, il faut que je save à quoi vous employez votre temps. Le souverain Pontife envera une lettre de félicitation à l'auteur de ce poème. Ce mathématicien a résous tous les problèmes qu'on a pu lui proposer.

EXERCICE 331°.

César recueillira le fruit de son ambition: il mourera assassiné en plein sénat. Cette viande n'a pas assez bouillu ; elle bouillera encore pendant deux heures avant d'être trop cuite. On n'a jamais cueillé des figues sur des ronces. Dieu dit à nos premiers parents : Ne mangez pas du fruit défendu ; car vous moureriez. J'ai allé hier dans la forêt, et j'ai cueillé des fraises. En hiver, il faut être vêti chaudement. Je me lève, je me revêtis de ma robe de chambre, et je me promène un instant dans mon jardin. La chapelle que vous voyez a été bénie par Monseigneur l'Évêque. Heureux les enfants béni de Dieu et de leurs parents ! Le manteau dont se revêtissent nos cavaliers doit être bien embarrassant.

Exercice 332e.

Si vous satisfaisez vos maîtres, vous serez récompensés. Il faut que les hommes savent qu'ils ont un père dans le ciel, qui pourverra à tous leurs besoins. Pour peu que je susse le métier, je prévoirais facilement la tempête. Les Sauvages prenent nos habits et s'en revêtent. Ce blé ne s'est pas bien moulu, parce qu'il était humide. Je haïs les menteurs ; haïssez-les de même. Le chef de service s'enquit si nous n'avions pas de denrées prohibées par les lois. Les lettres ont été florissant, à Athènes, jusque sous les derniers empereurs romains. Les fidèles tenaient entre leurs mains des buis béni. Nous viverions longtemps, si nous savions nous régler. Le tailleur cou en ce moment mon habit. Je voudrais que vous me cousiez ce bouton. Ceux qui entreprenent précipitamment, se rebutent de même. Ce moulin qu'on a fait réparer, moudera mieux dorénavant. Vous perderez votre procès, si vous ne m'écoutez pas.

Exercice 333e.

Ces Messieurs s'en sont allés hier de chez moi à dix heures et demie. Je vous envoye, mon cher enfant, les récompenses que je vous ai promises. Quand les

Perses voulaient conquérire quelque province, ils envoyaient auparavant des ambassadeurs demander la terre et l'eau, ce qui était le signe de la soumission. Que les jeunes gens fuyent les mauvaises compagnies; qu'ils allent de préférence avec les hommes graves et vertueux, qui leur enseigneront la sagesse. Nous lisons dans l'Evangile que les personnes qui suivaient Jésus-Christ, quoique épuisées par la fatigue, ne défaillissaient point dans la route. On frappe, va ouvrir la porte; va ensuite quérire ce que je t'ai demandé. Si cet enfant n'était pas accompagné quand il revient de classe, il mourerait de peur. Jésus-Christ dit à Pierre : « Tu es Pierre, et sur cette pierre je bâtirai mon Eglise, et les portes de l'enfer ne prévaleront point contre elle; » et encore : « J'ai prié pour toi, afin que ta foi ne défalle point. » Deux écrivains se portèrent un jour un défi pour savoir lequel des deux écrirait la lettre la plus courte : le premier écrivit au second en latin : *Eo rus*, c'est-à-dire je va à la campagne; l'autre lui répondit simplement dans la même langue *I*, ce qui signifie va.

Exercice 334e.

Depuis que Marie Magdeleine fut absous de ses péchés, elle s'attacha à la personne de Notre-Seigneur, et le suivit jusque sur le Calvaire. Je souhaiterais que vous vous absteniez de tout jugement téméraire. Que faut-il que je faise? que j'alle trouver le ministre, ou que j'obtempère immédiatement aux ordres qu'il m'a donné? Dite à votre frère qu'il viene me trouver : je l'accueillirai avec plaisir. Une foule de malheureux gisaient sur la paille après avoir défailli à nos yeux. Je ne connu jamais d'homme aussi affable et autant porté à rendre service que feu monsieur votre oncle. Voilà d'excellents fruits confi. J'ai chassé dans vos domaines avant qu'ils fussent clo. Ma lettre étant clo, vous ne pouvez plus rien y ajouter. Le terme de mon bail échoira le quinze janvier prochain. Le juge exigea que je dise toute la vérité. L'assemblée fut dissoue au milieu d'un grand tumulte. Vous redisez toujours les mêmes choses, et vous médites continuellement de votre prochain. Les vents déchaînés bruiaient d'une manière effrayante. Si les œufs que couve cette poule éclot tous, j'aurai bientôt ma basse-cour remplie de volaille.

EXERCICE 335e.

Les physiciens prétende que l'eau bouillue est infiniment plus légère qu'un volume égal d'eau non bouillue. Cette femme trayait sa vache quand nous arrivâmes; et lorsqu'elle l'eut trait, elle nous fit boire du lait. Vainquons nos passions, et nous viverons paisiblement. Les Perses furent plusieurs fois vainqus par les Grecs. Vous vainquerez difficilement cet obstacle. Je vous convains par vos propres yeux. Cet homme véqut cent dix ans. Ne maudites jamais personne, car celui qui maudit son semblable est souvent plus digne d'être maudi que lui. Heureux celui qui a vainqu ses passions! il vivra sans remords. Si nous croyons que ce criminel se fit une loi de ne plus tuer, qu'il voulut se soumettre aux lois, et qu'il promit de suivre toujours le bon chemin, nous lui fairions grâce. Celui qui rit des autres mérite souvent qu'on ri de lui. On nous a donné ces deux sommes afin que nous soustrayons la seconde de la première. Je vous batterais, disait un philosophe à son esclave, si je n'étais en colère. Les juges absoudaient ce criminel de la peine prononcée contre lui, lorsqu'il s'éleva dans l'assemblée un cri universel d'applaudissement. Veuillez donner des sièges pour que ces messieurs s'asseoient. Croyez-vous que cet homme veve bien son état, ou, du moins, que ses enfants le voyent pour lui? (BONNAIRE.)

EXERCICE 336e.

Cet homme était si fort, que, seul, il meuvait une poutre énorme. Il faudora que j'alle voir la ville de

Paris ; mais, pour y aller, je choisirai un jour où je préverrai qu'il ne pleuvera point. Je doute que vous meuviez ce fardeau. Ce collége a beaucoup perdu de son ancienne renommée, et si cela continue, il déchoira tout à fait. L'empire du ciel échu en partage à Jupiter, celui de la mer échu à Neptune, et celui des enfers échu à Pluton. Il ne sié pas et il ne siéra jamais à qui que ce soit d'affecter les talents qu'il n'a pas. En vain vous vous prévaleriez de votre autorité, si la raison elle-même ne dictait tous vos ordres. Messieurs, asseoyez-vous, je vous prie : pour moi, je m'asseoirai tout à l'heure. Je veu faire le bien et fuir le mal. Cette affaire ne vau pas la peine qu'on la poursuive. Je vous rapporterai votre livre quand je le trouverrai. A Dieu ne plaise que je veule vous causer du désagrément ; au contraire, je vouderais tout faire pour vous être agréable. Que l'homme save qu'il n'est pas immortel, et que tôt ou tard il faut qu'il paye le tribut à la nature. Tu te prévau de ta mémoire. Le condamné vouderait que l'on surseoie toujours l'heure de son supplice. Qui croyait qu'un jour vous vous trouverriez en cet état ! *(Id.)*

Exercice 337e.

Les solitaires acquerrent beaucoup de mérite aux yeux de Dieu. Ayez soin que le café ait bien bouillu : déjà il commence à bouillir ; aussi il ne bouillera plus longtemps. Je tressaillerai d'allégresse lorsque le temps des vacances sera arrivé. Cette eau bou trop fort : il faut l'ôter du feu. Son sang bou dans ses veines. Donnez-nous du pain, de peur que nous ne défaillons. Si vous continuez, je cour avertir votre mère. Va dans la campagne : tu cueilliras des fleurs. Quand tu en aura cueillé, tu les apportera à la maison. Lorsqu'un soldat part pour la guerre, il doit être revêti d'un courage égal à celui qu'il montrerait s'il lui fallait défendre ses jours contre un assassin. Vous acquéreriez en vain la science si vous n'acquériez la vertu. Si j'avais pu me frayer un passage, je me serais en allé hier beaucoup plus tôt de l'académie. Pour vous, à quelle heure vous êtes-vous en allé? Ce fabriquant envoye chaque semaine à Paris ses draps et ses autres étoffes. Il faut, mon enfant, que tu alles toujours croissant en sagesse et en âge. Pour quelle raison vos frères s'en sont-ils allés si tôt? C'est au commencement du printemps que les arbres se revêtissent de feuilles. Faites en sorte que cette eau bouille pendant deux heures. L'architecte eût dû faire en sorte que ce chapiteau ne saillît point autant qu'il saillit. Je me suis séparé de mon compagnon de voyage à Orléans, mais je le retrouverai à Paris. Il fauderait que vous veniez avec nous. Si je savais que vous deviez venir, je vous attenderais. Je m'asseoyrais si j'avais le temps de m'arrêter. (*Id.*)

TABLE DES MATIÈRES.

Première Partie.

Seconde Partie ou Syntaxe.

Dijon, imp. [illegible]

www.ingramcontent.com/pod-product-compliance
Lightning Source LLC
Chambersburg PA
CBHW061019280326
41935CB00009B/1026
9782019610630